A ESTRATÉGIA DO MOTOR 2

**COMO TORNAR A INOVAÇÃO
PARTE DO DIA A DIA DO SEU NEGÓCIO**

CARO(A) LEITOR(A),

Queremos saber sua opinião sobre nossos livros.
Após a leitura, siga-nos no linkedin.com/company/editora-gente,
no TikTok **@editoragente** e no Instagram **@editoragente**,
e visite-nos no site www.editoragente.com.br.
Cadastre-se e contribua com sugestões, críticas ou elogios.

SANDRO MAGALDI | JOSÉ SALIBI NETO

A ESTRATÉGIA DO MOTOR 2

COMO TORNAR A INOVAÇÃO PARTE DO DIA A DIA DO SEU NEGÓCIO

Diretora
Rosely Boschini

Gerente Editorial Sênior
Rosângela de Araujo Pinheiro Barbosa

Editoras
Juliana Rodrigues de Queiroz
Rafaella Carrilho

Assistente Editorial
Mariá Moritz Tomazoni

Produção Gráfica
Leandro Kulaif

Edição de Texto
Lilian Queiroz (2 Estúdio Gráfico)

Projeto Gráfico
Marcia Matos

Capa, Adaptação e Diagramação
Renata Zucchini

Revisão
Fernanda Guerriero Antunes
Wélida Muniz

Impressão
Bartira

Copyright © 2024 by
Sandro Magaldi e José Salibi Neto
Todos os direitos desta edição
são reservados à Editora Gente.
R. Dep. Lacerda Franco, 300 – Pinheiros
São Paulo, SP – CEP 05418-000
Telefone: (11) 3670-2500
Site: www.editoragente.com.br
E-mail: gente@editoragente.com.br

Dados Internacionais de Catalogação na Publicação (CIP)
Angélica Ilacqua CRB-8/7057

Magaldi, Sandro
 A estratégia do motor 2 : como tornar a inovação parte do dia a dia do seu negócio / Sandro Magaldi, José Salibi Neto. - São Paulo : Editora Gente, 2024.
 304 p.

ISBN 978-65-5544-461-2

1. Desenvolvimento profissional 2. Negócios I. Título II. Salibi Neto, José

24-1330   CDD 658.3

Índices para catálogo sistemático:
1. Desenvolvimento profissional

NOTA DA PUBLISHER

Buscar estabilidade em um negócio é uma utopia? Se, há não muito tempo, segurança se traduzia em operações sólidas e controladas, hoje, quem não se move parece carregar uma sentença de morte. Não à toa, inovação se tornou a palavra da vez, a regra para os negócios que desejam prosperar e continuar no jogo. Mas como implementar de fato a inovação no negócio e torná-la parte da rotina? Como abrir vantagem competitiva, gerar novas receitas e alcançar posições estratégicas no mercado?

É a partir dessa premissa que se desenha *A estratégia do motor 2*. Aqui, Sandro Magaldi e José Salibi Neto, autores best-seller e especialistas quando o assunto é gestão e empreendedorismo, trazem não só uma pesquisa completa e dedicada, mas modelos práticos para empresários e empreendedores que não só querem, mas precisam inovar. E, mais do que isso, com toda a experiência e o conhecimento de anos atuando na área, os autores mostram que transformar o negócio não significa abandonar a operação. Pelo contrário, saber operar e saber inovar são habilidades complementares e interdependentes – aí está o equilíbrio entre os dois motores de crescimento da empresa.

Nesta obra, você encontrará fundamentos e exercícios para maximizar a eficiência operacional do seu negócio, alcançar resultados exponenciais e criar as bases necessárias para reinventar cultura e estratégia, vias essenciais para garantir a longevidade das organizações. Por isso, fique à vontade para marcar, anotar e riscar ao longo da leitura e aproveite cada página do rico conteúdo que Sandro e Salibi tão generosamente trouxeram nesta obra.

ROSELY BOSCHINI • CEO e Publisher da Editora Gente

SANDRO MAGALDI

Dedico esta obra a minha querida esposa, Valeska, e aos meus amores Isa e Mari. Esses são meus verdadeiros Motores 1, 2, 3...

JOSÉ SALIBI NETO

Um livro sobre inovação só poderia ser dedicado ao empresário mais inovador do esporte brasileiro, meu amigo, irmão, Luis Felipe Starace Tavares, o Ipe, fundador da Koch Tavares, a maior empresa de marketing esportivo do país. Nos conhecemos em 1974, quando eu tinha apenas 15 anos e era um tenista juvenil promissor, e ele, com 24, já era um consagrado tenista profissional de Copa Davis.

Ipe já era um ídolo para mim, e consegui levá-lo para o terceiro set. No final do jogo, não sabia como cumprimentá-lo, e ele, para minha surpresa, deu-me um abraço. Desde então, não nos largamos mais. O carinho com o qual ele sempre me tratou é até difícil de expressar. Treinava sempre comigo, me orientava, me levava para os grandes eventos promovidos pela sua empresa e abriu as portas para mim na Koch Tavares, quando voltei do meu MBA nos Estados Unidos. Foi o Ipe que moldou a minha visão sobre empreendedorismo e grandes eventos, o que transformou a HSM, empresa que fundei, em uma das maiores empresas de educação executiva do mundo. Foi o Ipe que trouxe os primeiros torneios internacionais de tênis para o Brasil, o WCT, lotando o ginásio do Ibirapuera, e também as primeiras transmissões do tênis na televisão. Foi ele que transformou o vôlei no sucesso comercial que é hoje, e que transformou um esporte dormente como o vôlei de praia em um esporte olímpico, dando várias medalhas de ouro para o Brasil – e está fazendo a mesma coisa com o beach soccer. Mas suas inovações não param por aí. Muita coisa ainda vem pela frente. Agradeço a Deus por ter colocado o Ipe na minha vida.

Dedico este livro também às minhas amadas Luciana Salibi e Cristiana Salibi Houch.

AGRADECIMENTOS

Esta obra foi incubada em um evento de nossa plataforma Gestão do Amanhã. Nos dias 15 e 16 de setembro de 2023, promovemos o Workshop Inovação de Ruptura. Nesse encontro, que acontece duas vezes ao ano, compartilhamos todos os nossos achados sobre como viabilizar a inovação. Além de nossas exposições, contamos com convidados do mercado que contribuíram com sua visão prática sobre o tema.

Foi na etapa de pesquisas e estudos de preparação do conteúdo do evento que nos demos conta de que tínhamos um material profundo e inédito. Esse processo nos levou a um referencial muito relevante e prático sobre como estruturar Motores 2 de crescimento, tendo como base projetos bem (e mal) sucedidos. Nossa percepção foi a de que, depois de um maior nível de consciência, que começa a tomar corpo lá pelo ano de 2018, as empresas que iniciaram essa jornada anteriormente já apresentam uma estrutura que nos permite construir as bases de um roadmap prático, que pode ser aplicado em qualquer organização.

Ao chegarmos a tal conclusão, decidimos pela produção desta obra, utilizando o evento como mais uma fonte de pesquisas para refinar nossas descobertas e incrementar o conteúdo dentro do rigor de nossas pesquisas, prerrogativa da qual não abrimos mão.

Fizemos esse preâmbulo para agradecer a cada um dos convidados que esteve conosco no workshop. Alguns deles são citados ao longo da obra, porém, fazemos questão de nominá-los e de reiterar por aqui nosso agradecimento às suas valiosas contribuições, não apenas no evento (sucesso absoluto como todos os que promovemos, a propósito), mas também na nossa obra. Muito obrigado, Pedro Waengertner,

Marcelo Cherto, Amit Eisler, Rafael Borger, Aspen Andersen, Nicolas Giffoni e Paulo Campos. Vocês fazem parte deste projeto.

Além disso, queremos agradecer a todos os participantes desse workshop, pois suas observações, validações e comentários contribuíram demais para que chegássemos ao nosso modelo. Nosso maior patrimônio são as pessoas que nos acompanham e nos motivam em nossas interações diárias. É por isso que este agradecimento se estende a toda Comunidade Gestão do Amanhã, representada pela centena de indivíduos que participaram, em algum momento, de um de nossos projetos e eventos. Vocês são incríveis!

Ao longo do nosso processo de pesquisa, acessamos alguns líderes que admiramos muito, tanto para coletar informações relevantes quanto para validar algumas teses importantes. Nosso agradecimento a essa turma da pesada, com destaque ao querido Diego Barreto, um craque que compartilhou todas as informações relevantes para a construção do capítulo sobre o iFood; Jayme Alexandre Dias, que nos apresentou um referencial prático com sua valiosa experiência, e Luís Gustavo Lima, o LG, CEO da ACE Cortex, que generosamente disponibilizou todos os seus achados e suas experiências para utilizarmos em nosso material.

O processo de construção de um livro é uma obra coletiva. A despeito dessa responsabilidade ser nossa – que, como autores, não delegamos a ninguém –, a concretização do projeto é fruto de meses, anos, décadas de estudos e aplicação prática. Chegamos à nossa décima obra, feito impensável quando iniciamos nossa caminhada. Apesar de reconhecer o valor de tudo o que construímos até aqui, nossa percepção é de que estamos apenas começando a jornada. Acompanhados de você e toda nossa turma, estamos certos de que muito está por vir. Que venham as próximas realizações!

SUMÁRIO

Introdução _____ 13
   1.1 A ascensão do Motor 2 de crescimento nos negócios ___ 19

**Capítulo 1 • A ESTRUTURA DOS MOTORES 2
DE CRESCIMENTO** _____ 26

Capítulo 2 • ATENDENDO ÀS DEMANDAS DOS CLIENTES ___ 56
   2.1 Entendendo os *jobs to be done* _____ 61
   2.2 Como os *jobs to be done* recuperaram a Apple _____ 68
   2.3 JTBD negativos _____ 76
   2.4 Os JTBD como alavanca da expansão das empresas ____ 83

**Capítulo 3 • AS ALAVANCAS-CHAVE PARA IMPLANTAR
MOTORES 2 DE CRESCIMENTO** _____ 88
   3.1 As alavancas de sucesso dos Motores 2 _____ 95
      3.1.1 Alavanca interna: capacidades, cultura e modelo operacional __ 99
      3.1.2 Alavancas externas: demandas e potencial de mercado ____ 107
   3.2 Liderança e sucesso na inovação corporativa _____ 120

**Capítulo 4 • OS OITO PASSOS PARA IMPLEMENTAR
MOTORES 2 DE CRESCIMENTO** _____ 126
   4.1 Passo 1: mapear as capacidades _____ 130
   4.2 Passo 2: mapear a jornada do cliente _____ 143

4.3 Passo 3: gerar ideias_____157

4.4 Passo 4: mapear potencial de mercado_____170

4.5 Passo 5: priorizar ideias_____178

4.6 Passo 6: definir estrutura_____187

4.7 Passo 7: estruturar governança_____199

4.8 Passo 8: realizar testes e experimentos_____205

Capítulo 5 • QUATRO CASOS RELEVANTES DE PROJETOS DE INOVAÇÃO_____218

5.1 A inovação por meio de aquisições_____220

5.2 O caso dos Jet Skis do iFood_____228

5.2.1 Etapa 1: fase da pesquisa_____231

5.2.2 Etapa 2: fase de testes_____232

5.2.3 Etapa 3: fase da escala_____233

5.3 Duas estruturas que fazem da Amazon uma máquina de inovação_____241

5.4 Aquela que não quis ser a maior do mundo_____250

Conclusão • AGORA A DECISÃO É SUA_____262

FRAMEWORK DA EXECUÇÃO_____266

Índice do framework da execução_____268

EMPRESAS E PROJETOS CITADOS NA OBRA_____300

REFERÊNCIAS_____301

INTRODUÇÃO

Em 1976, o professor Robert B. Duncan, da Kellogg School of Management, uma das mais prestigiadas escolas de gestão do mundo, publicou um artigo na revista *Strategies and Implementation* com o título "The Ambidextrous Organization: Designing Dual Structures For High Performance".[1] Foi a primeira vez que o mundo dos negócios teve contato com um termo que ocuparia cada vez mais espaço na realidade corporativa do século XXI: as organizações ambidestras.

No artigo, o autor argumenta que as organizações necessitam ser capazes de equilibrar duas dimensões para serem bem-sucedidas de modo sustentável no longo prazo: a exploração, que representa a busca por novas oportunidades; com a evolução, que compreende a otimização das operações existentes, buscando a máxima eficiência operacional.

Duncan já antevia as oportunidades e desafios derivados de um ambiente que experimentava um importante crescimento da concorrência entre empresas. Essa perspectiva, inédita para

---

[1] DUNCAN, R. B. The Ambidextrous Organization: Designing Dual Structures for Innovation. **Strategies and Implementation**, New York, v. 1, p. 167-188, 1976.

um ambiente que foi tradicionalmente caracterizado por uma demanda maior do que a oferta em consequência de um padrão baixo de competitividade na maioria dos setores da economia, traduzia a preocupação com uma nova dimensão que começava a mostrar sua relevância e que é um dos principais imperativos estratégicos da atualidade: a inovação.

O artigo foi bem recebido pelo ambiente acadêmico, porém não obteve impacto tão relevante. Ficou obscurecido pelo início da explosão de conteúdos sobre Estratégia, disciplina que dava seus primeiros passos na década de 1970 e que, em poucos anos, ocuparia o topo da agenda de acadêmicos, empreendedores e líderes corporativos.

Nos anos seguintes, o conceito de ambidestria foi explorado e refinado por uma série de autores, porém foi "redescoberto" apenas no início dos anos 2000, quando começou a ser amplamente difundido em todo ambiente empresarial.

Em 2004, a *Harvard Business Review*, uma das principais revistas sobre gestão do mundo, publicou o artigo "The Ambidextrous Organization",[2] de Charles O'Reilly III (professor da Stanford University) e Michael L. Tushman (professor da Harvard Business School), que resgatava a importância de empresas serem simultaneamente eficientes em suas operações atuais, e inovadoras ao explorar novas oportunidades.

Em julho desse mesmo ano, outra prestigiada publicação internacional, a *MIT Sloan Management Review*, publicou o

---

2 O'REILLY III, C.; TUSHMAN, M. L. The Ambidextrous Organization. **Harvard Business Review**, abr. 2004. Disponível em: http://www.iot.ntnu.no/innovation/norsi-pims-courses/tushman/OÆReilly%20&%20Tushman%20(2004).pdf. Acesso em: 10 jan. 2024.

artigo "Building Ambidexterity Into an Organization",[3] de um dos maiores pesquisadores de inovação em gestão do mundo, Julian Birkinshaw, junto com Cristina Gibson, no qual os autores aprofundam o tema ao oferecer uma diferenciação para o conceito de ambidestria.

De acordo com os autores, as evidências da época apontavam para os desafios de implantação do modelo, já que a abordagem convencional estava centrada no que definiram como ambidestria estrutural, ou seja, a criação de estruturas separadas para diferentes tipos de atividades, segregando aquelas orientadas ao alinhamento da organização das que têm o foco em sua adaptação ao ambiente.

Com o objetivo de trazer uma nova dimensão a esse desafio, os autores propuseram o conceito de ambidestria contextual, no qual os colaboradores escolheriam entre as atividades orientadas ao alinhamento e à adaptação no contexto da sua rotina diária. Nesses casos, o sistema e a estrutura organizacionais seriam mais flexíveis, permitindo que os colaboradores usassem seu próprio julgamento para dividir seus esforços na gestão das duas orientações.

A evolução futura demonstraria o desafio de aplicação prática da tese dos autores do Massachusetts Institute of Technology (MIT), porém os dois conteúdos receberam importante repercussão, já que catalisavam uma indagação cada vez mais presente nas reflexões de líderes empresariais: como é possível compatibilizar a manutenção do negócio essencial e sua competitividade e, ao mesmo tempo, viabilizar a inovação?

---

3 BIRKINSHAW, J.; GIBSON, C. Building Ambidexterity Into an Organization. **MIT Sloan Management Review**, 15 jul. 2004. Disponível em: https://sloanreview.mit.edu/article/building-ambidexterity-into-an-organization/. Acesso em: 10 jan. 2024.

Essa inquietude surgiu e se acentuou em decorrência das profundas transformações que o ambiente empresarial começou a sofrer a partir do início do século XXI, derivadas da revolução tecnológica que gerou um novo marco competitivo.

As novas tecnologias remodelaram a competição e a inovação, até então circunscrita a evoluções no desenvolvimento de produto e muito concentrada em áreas de Pesquisa e Desenvolvimento (os departamentos de P&D). Essas novas tecnologias foram alçadas à posição estratégica, já que inúmeras possibilidades emergiram como realidade e os novos protagonistas, que conseguiram interpretar adequadamente essa nova realidade, ganharam espaço e visibilidade, desafiando as empresas incumbentes que, durante décadas, dominaram todo o contexto empresarial global.

A adaptação ao novo mundo começa a ser um imperativo em um ambiente até então caracterizado pela busca do maior alinhamento possível das organizações, visando ao controle máximo de suas operações. A busca pela estabilidade, que sempre foi o nome do jogo, começa a se transformar em utopia.

James Allen, da consultoria Bain & Company's, fez uma contribuição fundamental para a discussão quando publicou, em 2012, o artigo "The Twin Engines of All Great Companies",[4] introduzindo o conceito de Motores 1 e 2 de crescimento.

De acordo com esse artigo, para que uma empresa seja bem-sucedida de maneira sustentável em um ambiente de profundas e intensas transformações, toda organização necessita estruturar dois motores de crescimento em seu negócio, simultaneamente.

---

[4] ALLEN, J. The Twin Engines of All Great Companies. **Harvard Business Review**, 16 fev. 2012. Disponível em: https://hbr.org/2012/02/the-twin-engines-of-all-great. Acesso em: 10 jan. 2024.

- O **Motor 1** é o negócio principal atual. Nessa frente, é preciso muita disciplina, melhoria contínua nos processos e monitoramento constante na redução de riscos para a operação, sobretudo os financeiros. O foco, aqui, é a obtenção da máxima eficiência operacional.

- O **Motor 2** representa projetos futuros, gerados a partir de negócios adjacentes em que a empresa atua, e destinados à construção de novos marcos competitivos, novos fluxos de receitas e perspectivas estratégicas. Isso inclui não apenas mercados em crescimento em novas geografias, mas também novos produtos e serviços em mercados novos e existentes.

No Motor 2 é requerida uma gestão baseada na agilidade, maior propensão ao risco, originalidade e uma estrutura financeira específica, já que o retorno sobre o investimento sempre será de longo prazo e existe a clara perspectiva da perda de recursos em apostas que não darão certo e deverão ser descontinuadas. O foco, aqui, está na busca por inovações que garantirão o futuro do negócio.

O Motor de crescimento 2 sempre será orientado à criação de um novo negócio, mais apto a catalisar as novas demandas dos clientes, a nova arena competitiva, as ameaças e oportunidades da nova economia.

Essa iniciativa não deve ser encarada apenas como uma fonte de novos negócios, e sim como o veículo que transformará totalmente a companhia no futuro. Por esse motivo, os dois motores atuam juntos, de maneira equilibrada e interdependente.

São modelos clássicos de Motores 2 os negócios e projetos inovadores derivados de laboratórios de inovação, iniciativas de aproximação com os ecossistemas de startups e a formação de fundos de investimentos para aquisições estratégicas, entre outras modelagens que possuem um objetivo em comum: construir as bases para o futuro sustentável da organização.

A inovação é mandatória nos dois motores de crescimento, porém, em geral, seu perfil tem características específicas em cada dimensão. Enquanto no Motor 1, via de regra, há uma maior demanda pela chamada inovação incremental ou de sustentação orientada às melhorias gradativas na operação atual do negócio, no Motor 2 há uma maior predisposição à chamada inovação de ruptura, aquela que se caracteriza por um distanciamento importante do negócio central da empresa e representa um rompimento com os padrões atuais da organização e do setor.

A correlação com a ambidestria é evidente, na medida em que esta é uma precondição para viabilizar uma arquitetura organizacional que compreenda os dois modelos.

Em 2018, apresentamos em primeira mão ao leitor brasileiro, no best-seller *Gestão do amanhã*,[5] de nossa autoria, esse conceito de modo detalhado. Sem sombra de dúvida, é um dos conceitos que mais chamam a atenção dos leitores dessa obra, pois é sempre citado em nossas interações, seja por meio das palestras, seja em aulas ou aconselhamentos estratégicos em geral.

Qual é o motivo que faz essa modelagem ser tão relevante no atual contexto organizacional, mesmo tendo suas bases

---

[5] MAGALDI, S.; SALIBI NETO, J. **Gestão do amanhã**: tudo o que você precisa saber sobre gestão, inovação e liderança para vencer na 4ª Revolução Industrial. São Paulo: Gente, 2018.

na longínqua década de 1970? Por qual razão seu resgate se torna importante para a sustentabilidade das organizações no momento atual?

O aprofundamento da reflexão sobre esse tema é chave para entendermos por que a ambidestria e a construção de Motores 2 de crescimento se transformaram em novos imperativos para o êxito das empresas, agora e sempre.

1.1 A ASCENSÃO DO MOTOR 2 DE CRESCIMENTO NOS NEGÓCIOS

Estima-se que, até o início dos anos 2000, mais de 90% do crescimento rentável das empresas tradicionais mais bem-sucedidas foi proveniente do foco obsessivo dessas organizações na proteção do seu negócio principal, em uma busca incansável pela obtenção de economia de escala e domínio de sua cadeia de valor.

Os principais vetores da expansão dessas empresas se deram por meio do aumento da participação do mercado em que atuavam, do crescimento do próprio segmento ou, ainda, da expansão em mercados relacionados não muito distantes de seu core business – empresas como a Coca-Cola expandiram seu leque de produtos, incorporando novas bebidas, criando outras versões de refrigerantes, embalagens e assim por diante, orbitando sempre as fronteiras de seu negócio central.

Com a aceleração da tecnologia, e consequente mudança dos marcos competitivos, houve uma mudança importante na dinâmica dos negócios, com o acirramento da concorrência em níveis jamais vistos.

Nos anos 1990, com o surgimento e a consolidação da internet, as barreiras para tráfego de informações foram derrubadas.

O mundo ingressou em uma nova onda de inovação, inaugurando uma expansão quase sem limites para a concorrência global, gerando um ciclo de aceleração inédito na história da humanidade. E a ferramenta digital foi o principal motor para esse ambiente cada vez mais veloz e incerto.

O MUNDO NUNCA ESTEVE TÃO INTERCONECTADO E INTERDEPENDENTE. A GLOBALIZAÇÃO GANHA TRAÇÃO E SE TORNA UMA REALIDADE EM TODO O PLANETA.

Essa nova dinâmica faz com que as fronteiras entre segmentos desapareçam, derretendo barreiras de entrada que foram erigidas há décadas. Segmentos que permaneceram relativamente estáticos durante um século, como os de saúde, finanças, varejo, entre outros, começaram a experimentar a lógica de um ambiente cuja tecnologia viabilizou investimentos de capital fixo relativamente baixos, gerando, como consequência, uma invasão de novas empresas inexistentes tempos atrás.

Como consequência dessa nova dinâmica, emergiram os novos *players*, que começaram a protagonizar segmentos tradicionais dominados há décadas por clássicas e sólidas companhias. Setores como o varejo são dominados por companhias tais quais a Amazon e o Mercado Livre. Finanças recebe o impacto de inúmeros bancos digitais, com destaque para o Nubank no Brasil, além de novas empresas financeiras como PagSeguro e Stone, entre outras. O mercado de mídia muda dramaticamente com a presença marcante do Google e da Meta. No transporte, com Uber e 99. Na alimentação, com iFood, entre tantos exemplos que seriam capazes de preencher várias páginas apenas com referências dessa natureza.

Em artigo de Chris Zook, James Allen e Dunigan O'Keeffe com o título "The Engine 2 Imperative: New Business Innovation and Profitable Growth under Turbulence",[6] publicado pela consultoria Bain & Company em 2020, é citada uma pesquisa na qual dois terços dos executivos entrevistados preveem que, dentro de cinco anos, o concorrente com quem estarão mais preocupados será uma empresa diferente daquela com a qual se preocupam hoje – geralmente um novo insurgente com um modelo de negócio diferenciado.

Além do avanço da concorrência em setores tradicionais, com à inserção de novos competidores, o derretimento das fronteiras entre negócios gera a oportunidade de empresas robustas capturarem valor, indo além dos limites de seus setores tradicionais.

Em um movimento inimaginável nas décadas passadas, quando o foco central da estratégia era o domínio da cadeia de valor em que estava inserida a organização, empresas robustas da nova economia reinventam o conceito clássico sobre foco e "invadem" segmentos distintos do seu ramo original. A Amazon inicia agressivas investidas no segmento de saúde; o Mercado Livre, no setor financeiro; o Google, em mobilidade – com os carros autônomos –, e assim por diante. As chamadas *big techs*, universo que compreende as companhias protagonistas da nova economia, tornam-se, com sua onipresença global, construtoras

---

[6] ZOOK, C.; ALLEN, J.; O'KEEFFE, D. The Engine 2 Imperative: New Business Innovation and Profitable Growth under Turbulence. **Bain & Company**, 17 dez. 2020. Disponível em: https://www.bain.com/insights/engine-2-imperative-new-business-innovation-and-profitable-growth-under-turbulence/. Acesso em: 11 jan. 2024.

de novos negócios em série, aterrorizando os novos segmentos nos quais atuam.

Em novembro de 2020, bastou o anúncio do lançamento da Amazon Pharmacy, iniciativa da Amazon no negócio do varejo farmacêutico nos Estados Unidos, para que as ações das líderes tradicionais do setor, como Walgreens e CVS, declinassem imediatamente, pois os investidores já previram o impacto de uma das maiores varejistas do mundo no segmento até então dominado por essas empresas.

A inovação ganha uma relevância jamais experimentada nesse contexto. Uma análise realizada a partir das edições da revista *Scientific American*,[7] desde sua fundação em 1845 até 2020, aponta que em 2010 houve um pico de artigos e publicações científicas sobre o tema. A aceleração do processo de globalização aliada às novas possibilidades geradas pela tecnologia incrementam o nível de concorrência exponencialmente.

Não é à toa que se inicia uma busca incessante das empresas por modelos que lhes permitam blindar o negócio principal e, ao mesmo tempo, gerar as bases para continuarem sendo relevantes no futuro. A era da estabilidade e da valorização exclusiva da eficiência operacional ficou para trás.

O já citado estudo da consultoria Bain & Company aponta que o nível de consciência dos líderes empresariais sobre a adoção da inovação aumentou de modo expressivo no período. Essa premissa se evidencia quando 40% dos entrevistados afirmam que o crescimento de suas empresas nos próximos cinco a dez anos

---

[7] CUCUZZA, J. The Pace of Innovation: 1800-2020. **LinkedIn**, 23 nov. 2020. Disponível em: https://www.linkedin.com/pulse/pace-innovation-1800-2020-joe-cucuzza--gaicd-fausimm. Acesso em: 11 jan. 2024.

será egresso de novos mercados e modelos. Esses mesmos executivos se mostram preocupados por não estarem investindo recursos significativos nessas novas frentes. É importante ressaltar que se trata da mesma amostragem de líderes que estavam habituados ao crescimento de suas empresas a partir do negócio central.

No entanto, ao mesmo tempo que há a consciência da necessidade da estruturação de novos fluxos de receita, essenciais para a sustentação futura da companhia, persiste a preocupação com a manutenção do vigor de seu negócio essencial. Afinal, a construção de um futuro próspero só é possível a partir das bases do negócio central, não apenas em termos de alocação de recursos financeiros, mas também de outros ativos como capital intelectual, relacionamento com mercados e clientes, entre outras capacidades centrais estruturadas ao longo de toda a história da empresa.

No fim das contas, o desafio das organizações não é substituir seu foco em eficiência operacional e maximização de recursos por uma orientação dirigida a inovações de ruptura e novas estruturas. A busca para que a companhia seja bem-sucedida de maneira sustentável é por uma arquitetura que equilibre esses dois vetores, explorando ao máximo as conquistas geradas pelo negócio central, ao mesmo tempo que desenvolva as bases para o futuro do negócio. O foco está na busca pelo equilíbrio entre estes dois vetores: presente e futuro.

Toda organização precisa administrar o negócio e saber operar. Ao mesmo tempo, toda empresa necessita, também, transformar o negócio, criando continuamente não só novos produtos e serviços, mas novos métodos e procedimentos operacionais. Precisa saber inovar. Embora cada tarefa exija competências distintas, as duas não são inimigas. São habilidades complementares, interdependentes e mutuamente benéficas que precisam uma da outra para sobreviver.

Um foco insuficiente na inovação produz uma empresa estática que não conseguirá se adaptar às novas circunstâncias. Uma ênfase insuficiente na operação gera o caos – baixa qualidade, altos custos e riscos sérios para os clientes e para a empresa.

Inovar, no entanto, não é o suficiente. As rápidas e profundas transformações fazem com que a velocidade seja um novo marco competitivo. É necessário inovar com velocidade. A habilidade de identificar mudanças e reagir rapidamente se torna uma habilidade-chave como resposta à veloz evolução da economia global. Trata-se de um movimento ofensivo e defensivo, visando à sobrevivência das organizações estabelecidas.

> **INOVAR, NO ENTANTO, NÃO É O SUFICIENTE.**

O ritmo da inovação é o que garantirá a evolução constante do portfólio de negócios da organização e também a geração de novos projetos destinados a capturar novas necessidades de um mundo em constante evolução.

Não basta o desejo de transformar a organização em uma companhia inovadora. É necessário desenvolver processos e estruturas que consigam catalisar as transformações do ambiente, gerando novas perspectivas sólidas para a reinvenção do negócio.

A consolidação dessa consciência fortaleceu o conceito da **ambidestria** e dos **Motores 1 e 2 de crescimento** como estruturas que respondem a essa demanda. O entendimento de que essa perspectiva se estabelece como uma realidade cada vez mais inexorável no ambiente corporativo promoveu o resgate de conceitos que emergiram na década de 1970, com Robert Duncan, e que vinham evoluindo aos poucos.

Conforme o ditado, atualmente "o mundo não gira, ele capota".

Se, por um lado, as estruturas de viabilização de Motores 2 de crescimento respondem a um anseio de dentro das organizações, por outro, como mais um reflexo da evolução tecnológica, as condições estruturais externas se consolidam de modo a permitir que a empresa ambicione um crescimento que não se limita a sua geografia ou cadeia de valor atuais. Vivemos no mundo dos ecossistemas multidimensionais e exponenciais, e essa dinâmica gera oportunidades de expansão inéditas para qualquer negócio.

E para que os gestores e todos os envolvidos no negócio coloquem em prática o que mostraremos neste livro, apresentamos, ao final, o Framework da Execução, uma ferramenta inovadora e diferenciada que possibilita uma visão profunda dos motores de crescimento e sua implementação prática. O framework, formado por dezessete estruturas, pode ser utilizado para viabilizar nosso roadmap. O objetivo é oferecer condições concretas, de maneira didática e detalhada, para que cada etapa seja viável na prática. Embora haja uma sequência sugerida, a estrutura pode ser adaptada conforme necessário. Recomenda-se desenvolver e implementar um plano de execução com disciplina, utilizando as ferramentas disponíveis para auxiliar no processo. O foco principal é o compromisso em implementar o projeto inovador na organização, com acesso a conceitos, visão prática e ferramentas para aplicação.

É imperativo entender essa nova dinâmica dos mercados para planejar as bases de formação dessas estruturas de inovação. As condições atuais e futuras estabelecem um terreno fértil para a estrutura de Motores 2 de crescimento, e esse é o tema do próximo capítulo.

01.
A ESTRUTURA DOS MOTORES 2 DE CRESCIMENTO

Experimente olhar, hoje, para os sistemas de gestão mais bem-sucedidos no mundo – todos foram forjados à luz da busca pela máxima eficiência operacional. No Brasil, não é diferente.

Como já demonstramos em nosso livro *Estratégia adaptativa*,[8] quando apresentamos a linha do tempo da estratégia desde a Primeira Revolução Industrial (período entre o final do século XVII e início do século XIX) até os dias atuais, o mundo empresarial, antes da Revolução Tecnológica do início do século XX, se configurava como um ambiente muito mais previsível, estável e controlado do que o nos dias atuais.

Esse é o ambiente dos mercados ilimitados, caracterizado pelo baixo nível de competitividade, no qual o padrão de concorrência reduzido resultou em uma dinâmica de desequilíbrio entre demanda e oferta, com muito mais clientes querendo comprar do que a capacidade produtiva instalada nas empresas existentes.

Esse contexto foi se modificando aos poucos e, no fim da década de 1970, testemunhamos uma nova dinâmica provocada pelo aumento da concorrência devido ao avanço da globalização e de um primeiro impulso da tecnologia.

---

8 MAGALDI, S.; SALIBI NETO, J. **Estratégia adaptativa**: o novo tratado do pensamento estratégico. São Paulo: Gente, 2020.

Esse novo marco competitivo culminou na redução da previsibilidade, da estabilidade e do controle, e foi o principal impulso para o surgimento do pensamento estratégico que teve como um dos seus principais artífices o professor Michael Porter, da Harvard Business School.

Curiosamente, anos antes, o visionário Peter Drucker havia enxergado a relevância da estratégia para o mundo organizacional, e sua obra *Managing for Results*,[9] de 1964, já traz essa abordagem. Uma curiosidade é que o livro não recebeu a palavra "estratégia" na capa porque o editor entendeu que esse conceito se aplicava ao mundo militar, e não a empresas, o que acabaria por confundir os leitores.

A preocupação do editor, a despeito de não consagrar o maior pensador sobre gestão moderna como o primeiro autor de uma obra de estratégia empresarial no mundo, tinha lá seus fundamentos. A lógica da estratégia organizacional, importada do ambiente militar, traz referências típicas deste contexto: com a ascensão de mais competidores, para prosperar, as organizações devem aniquilar seus concorrentes, deslocando esses inimigos para territórios de menor valor por meio da construção de barreiras de entrada em torno de seus negócios.

Essa perspectiva teve amplo domínio e consagrou a consolidação e a expansão das principais organizações do mundo, contribuindo para a ascensão da estratégia como um dos principais imperativos organizacionais. A inovação já dava as caras, porém seu foco estava centrado em contribuir para o crescimento do negócio atual, tanto por meio do incremento da sua eficiência

---

[9] DRUCKER, P. F. **Managing for Results**. London: Routledge, 2015.

operacional como por elementos que contribuíssem para a conquista de maior participação no mercado ou expandissem sua atuação por setores adjacentes.

Empresas icônicas como Coca-Cola, Nike, GM conquistam espaço e se expandem seguindo os preceitos dessa cartilha. Nessa tese, o foco no setor de atuação é um dos imperativos mais relevantes para garantir a alocação mais adequada possível dos recursos disponíveis.

Na década de 2000, a instabilidade ficou muito mais visível a olho nu. Talvez o ataque às Torres Gêmeas em 2001 tenha sido o grande vetor disso globalmente, mas, nos negócios, foi por volta de 2007 que a previsibilidade e a estabilidade nesse contexto passaram a se reduzir drasticamente com a tecnologia ganhando cada vez mais tração e o mundo testemunhando fenômenos como o fortalecimento da *cloud computing*, quando a Amazon fundou a AWS (2006), e o lançamento do iPhone (2007), que popularizou, definitivamente, o uso dos aparelhos celulares, além de estruturar um modelo de negócios inovador com sua plataforma de aplicativos, a App Store.

Essas duas iniciativas, articuladas, viabilizaram o nascimento, em escala, de novos concorrentes para qualquer atividade que se pense, derrubando aquelas barreiras de entrada que levaram décadas para serem erigidas por empresas tradicionais.

Essa nova dinâmica cria inéditas e robustas ameaças e oportunidades, contribuindo para o aumento da instabilidade geral. Pode-se dizer, inclusive, que a crise financeira de 2008 também foi influenciada pelo contexto da hiperconectividade global, derivada desses fenômenos, e acentuaria a instabilidade.

Não é difícil entender por que a inovação de produto, desenvolvida exclusivamente pelos tradicionais departamentos de pesquisa e desenvolvimento (P&D) pensando no negócio existente, deixou de ser suficiente nesse novo ambiente. Para viabilizar seu crescimento e se proteger de novos ingressantes, as empresas tiveram de pensar a inovação em outros termos.

A nova dinâmica empresarial em uma sociedade hiperconectada resulta em uma ruptura relativa com uma das dimensões principais do pensamento estratégico clássico. Tradicionalmente, visando ao fortalecimento da vantagem competitiva e da relevância em seu setor de atuação, as empresas orientavam esforços ao domínio de sua cadeia de valor. Essa perspectiva, via de regra, resultava na possibilidade de aumentar as barreiras de entrada de novos competidores por meio do controle dos recursos essenciais para o negócio, ao mesmo tempo que aumentava o poder de barganha junto aos clientes, pendendo o equilíbrio de forças para seu lado.

Essa dinâmica sofreu impacto decisivo do novo contexto quando o conceito de cadeia de valor foi substituído pela visão de ecossistemas não lineares e exponenciais. Vamos nos aprofundar nessa tese para que você tenha a compreensão adequada dessa perspectiva, ponto central para o entendimento da mudança do perfil da inovação no ambiente corporativo.

Uma cadeia de valor clássica se refere a uma série linear de atividades que as empresas realizam para entregar um produto ou serviço ao mercado. Cada etapa agrega valor ao produto final. Esse conceito foi popularizado pelo já citado professor Michael Porter e inclui atividades primárias (como logística, operações ou marketing) e atividades de suporte (como infraestrutura da empresa ou gestão de recursos humanos).

Em geral, uma cadeia de valor é linear e sequencial, e o valor é criado em etapas progressivas. Esse conceito foi a base para a formação da administração científica idealizada por Frederick Taylor no início dos anos 1900 e amplamente difundida na formação do pensamento tradicional sobre gestão, principalmente nas fábricas, durante a Primeira Revolução Industrial (é inevitável que nos venha à mente Charles Chaplin apertando parafusos desenfreadamente no clássico *Tempos modernos*,[10] que já fazia uma crítica à mecanização do trabalho derivada desse modelo).

O principal foco na gestão da cadeia de valor está centrado na otimização e eficiência em cada etapa do processo, de modo a maximizar o valor criado durante todo o sistema.

É natural que, devido às suas características, a abordagem central do domínio de uma cadeia de valor tenha como base o modelo de gestão de comando e controle, pois é o meio mais seguro e econômico de centralizar as informações corporativas e ter o domínio das decisões que, como consequência, concentram-se em poucas pessoas. Um dos frutos mais populares dessa estrutura, no ambiente corporativo, foi a difusão do organograma como instrumento mais utilizado para organizar as funções, definindo claramente o papel hierárquico de cada agente e ilustrando todo o fluxo de informações e decisões linearmente, desde os cargos mais altos, no topo da pirâmide, até a sua base.

Com os efeitos da tecnologia na nova economia, é formada uma nova dinâmica na qual a linearidade das atividades restritas a uma cadeia de valor de um segmento em específico dá espaço ao estabelecimento de ecossistemas de negócios, redes complexas e interconectadas que compreendem, no mesmo ambiente,

---

10 TEMPOS modernos. Direção: Charles Chaplin. EUA: Charlie Chaplin Film Corporation, 1936.

empresas, fornecedores, parceiros e até mesmo concorrentes que colaboram para criar e entregar valor aos clientes. Todos os stakeholders desse sistema coexistem e coevoluem dentro de um mesmo ambiente econômico, frequentemente colaborando e competindo ao mesmo tempo.

Na sua obra *Repensando a vantagem competitiva*,[11] o professor Ram Charan faz uma advertência de que, a partir do novo arranjo da economia, emerge uma nova regra estratégica: "Uma empresa não compete. Seu ecossistema sim".

Essa frase destaca, sobretudo, a mudança de paradigma na maneira como as empresas visualizam a concorrência na era moderna e interconectada dos negócios.

Em contraposição a uma cadeia de valor, um ecossistema é dinâmico e não linear, com múltiplas entidades colaborando, competindo e evoluindo continuamente suas operações.

O foco na otimização e na eficiência dá lugar à adaptabilidade, à inovação e à criação conjunta de valor. O modelo de comando e controle se mostra incompleto na medida em que não há possibilidade de dominar tantas variáveis do negócio, portanto é preciso haver colaboração entre seus agentes, com as empresas frequentemente desempenhando papéis diferentes ou mudando de papéis dentro do ecossistema.

É essa dinâmica que faz o clássico foco estratégico, orientado exclusivamente ao domínio da cadeia produtiva de modo linear, mostrar-se insuficiente para que a organização atinja seu pleno potencial, pois desconsidera os benefícios e as possibilidades

---

11 CHARAN, R. **Repensando a vantagem competitiva**: novas regras para a era digital. Rio de Janeiro: Alta Books, 2022.

derivados das interações do efeito rede. Ignorar essa lógica pode resultar em prejuízos irrecuperáveis para a estratégica do negócio, colocando em risco sua longevidade, já que a organização pode ser presa fácil de competidores que se adaptam com mais rapidez ao novo contexto. O domínio e o controle do sistema são substituídos pela gestão e influência dos agentes dessa rede.

A referência mais clara e emblemática dessa lógica é de autoria da Apple. Essa saga tem início em 2001, com o lançamento do iPod, como exploraremos mais adiante, mas tem seu ápice em 2007, com o surgimento de um dos produtos mais icônicos da nova economia: o iPhone.

Quando a Apple lançou seu smartphone, Steve Jobs liderou um pensamento que foi central para o desenvolvimento do projeto – as pessoas desejavam, cada vez mais, estar conectadas à internet, e aquele aparelho seria seu passaporte para esse novo mundo. Dessa maneira, indo além do produto (que, a propósito, já contava com inovações excepcionais como a tela *touch*), a empresa estruturou um ecossistema em torno do iPhone, cuja protagonista principal foi a App Store, reunindo um batalhão de desenvolvedores e outros parceiros responsáveis por oferecer aplicativos para a realização de diversas tarefas de modo ágil e acessível.

O resultado disso foi o desenvolvimento de uma inovação revolucionária no seu modelo de negócios, equilibrando a geração de receita por meio da comercialização do equipamento com a receita da oferta de serviços diversos ao usuário. Esse movimento inaugura uma nova era no mundo corporativo, sendo inspiração e dando origem a inúmeras plataformas e projetos similares que dominam o contexto empresarial desde então.

A consequência dessa escolha estratégica da organização e seu potencial pode ser certificada pelos resultados financeiros da Apple. Com seu modelo de negócios, a empresa consegue capturar mais valor de toda a sua cadeia produtiva. A lucratividade da companhia aumenta à medida que alia os dividendos provenientes da comercialização do iPhone com as receitas geradas pela venda de serviços cujas margens são muito atrativas.

Nos relatórios financeiros de 2022, a categoria de serviços, que inclui receitas da App Store, Apple Music, iCloud, e outros serviços, representou aproximadamente 20% da receita total da empresa. Estima-se que a Apple tenha cerca de 1 bilhão de assinantes, ou seja, esse é o universo de indivíduos que utilizam algum serviço de seu ecossistema. A Apple não divulga publicamente a porcentagem exata de lucro proveniente dos serviços em seus relatórios financeiros; no entanto, as estimativas sugerem que a margem de lucro bruto para os serviços pode ser superior a 70%, enquanto a margem de lucro bruto para hardware é, geralmente, estimada em torno de 30% a 40%.

Essa combinação é explosiva, gerando uma margem de lucro líquido que orbita entre 20 e 25% nos últimos anos, um resultado singular em relação a negócios similares. O que justifica que, desde 2022, seu valor de mercado sempre esteja espreitando os inimagináveis 3 trilhões de dólares (como efeito de comparação, o PIB do Brasil é de aproximadamente 1,6 trilhão de dólares).[12]

---

[12] GDP (current US$) - Brazil. ([s.d.]). **World Bank Open Data**. Disponível em: https://data.worldbank.org/indicator/NY.GDP.MKTP.CD?locations=BR. Acesso em: 18 mar. 2024.

Essa é uma referência clássica do novo marco competitivo citado anteriormente por Ram Charan. A Apple, como empresa, não compete sozinha no mercado de smartphones. Em vez disso, é o ecossistema da organização, que inclui desenvolvedores de aplicativos, fabricantes de acessórios, provedores de conteúdo e muitos outros, que compete contra outros ecossistemas, como o Android, do Google.

Nos mercados atuais, o sucesso não é determinado apenas pela força ou capacidade de uma empresa individual. Em vez disso, o sucesso é, muitas vezes, determinado pela força, coesão e capacidade inovadora do ecossistema mais amplo do qual a empresa faz parte. As empresas não competem mais apenas como entidades individuais. Elas competem como parte de ecossistemas maiores e interconectados.

Uma organização de outro segmento de mercado que percebeu essa dinâmica e nos ajuda a entender essa lógica é a Tesla. A estratégia da empresa liderada por Elon Musk materializa de maneira representativa a diferença de uma atuação baseada em cadeia de valor para a visão do potencial de um ecossistema.

Desde sua ascensão, a Tesla tem se distanciado do modelo estratégico tradicional das empresas dominantes do setor ao adotar uma visão abrangente de seu ecossistema integrado, que vai além dos veículos elétricos e inclui soluções para geração e armazenamento de energia, bem como infraestrutura para abastecimento elétrico.

Essa perspectiva se consubstancia em frentes como a da Solar City, empresa adquirida pelo grupo, que oferece projetos de energia solar e gera soluções que permitem aos clientes armazenarem energia excedente para uso posterior.

Ou, ainda, na rede global de carregadores Supercharger, que facilita viagens de longa distância para proprietários de veículos elétricos, garantindo que eles possam recarregar rapidamente seus carros no deslocamento. Atualmente, essa é maior rede de carregamento rápido do mundo, com mais de 50 mil postos de abastecimento. Em 2023, a Tesla permitiu, nos Estados Unidos, que os veículos de outras montadoras como a Ford e a GM pudessem utilizar essa estrutura de abastecimento de energia.

Até mesmo em funcionalidades específicas dos automóveis Tesla, a empresa vislumbra a perspectiva dos ecossistemas. Os sistemas de direção autônoma desenvolvidos pela organização apresentam uma qualidade tão reconhecida que conquistaram a oportunidade de ser utilizados para serviços de transporte autônomo em outros negócios, gerando mais fluxos de receita independentes.

Em 2023, a empresa apresentou a nova geração dos Optimus, robôs humanoides que também são conhecidos como Tesla Bot. Esse projeto considera que as fábricas da empresa contem, de modo crescente, com os recursos dessa nova tecnologia, otimizando ainda mais o seu sistema produtivo por meio de um nível de automação sem precedentes na indústria. Indo além da lógica de criação de valor apenas em sua cadeia produtiva, Elon Musk anunciou que os planos consideram disponibilizar esses robôs por um valor similar ao de um automóvel (algo em torno de 20 mil dólares), tornando-os acessíveis não apenas para empresas, mas também para a execução de serviços do lar.

Observe como a composição desses elementos, e outros mais que se unirão à arquitetura organizacional da Tesla, lhe conferem uma posição estratégica de protagonista de um ecossistema que vai além da clássica visão de cadeia de valor em que as empresas são responsáveis pela gestão de todo o processo produtivo, desde a coleta e transformação das matérias-primas até a comercialização dos automóveis em um sistema que está submetido à linearidade sequencial das atividades.

É O ECOSSISTEMA DA TESLA QUE COMPETE, E NÃO AS PARTICULARIDADES DE SEU SISTEMA PRODUTIVO, SUAS FORÇAS E CAPACIDADES INDIVIDUAIS.

Elon Musk entendeu a lógica do valor de ser protagonista de ecossistemas e leva essa orientação estratégica a seus investimentos adicionais, expandindo o ecossistema original do segmento de mobilidade e energia para outros modais.

A SpaceX, empresa que atua no negócio de exploração espacial, está integrada à Starlink, que tem como foco a construção de uma rede global de satélites para prover internet em escala mundial.

Os materiais e softwares utilizados na SpaceX também são utilizados no desenvolvimento dos automóveis Tesla, que, como já citamos, aproveitam a expertise da Solar City.

Os robôs Tesla Bot são testados na Tesla e utilizados em todas as fábricas que fazem parte das investidas de Musk.

Ainda podemos citar os projetos da Neuralink, que tem como objetivo desenvolver interfaces cérebro-computador para tratar condições neurológicas e, por fim, potencializar a capacidade humana. Ou a Boring Company, empresa de mobilidade que busca resolver os problemas de tráfego urbano por meio de túneis de transporte subterrâneo. Todas essas iniciativas apresentam áreas de sinergia e constituem um vibrante ecossistema que representa inúmeras oportunidades quando concebidas sob essa ótica, e não com a perspectiva de uma carteira de investimentos sem integração alguma.

Para viabilizar esse arranjo, na arquitetura organizacional das empresas de Musk, existem executivos que ocupam papéis transversais e têm a responsabilidade de potencializar essas sinergias transformando-as no desenvolvimento de projetos e negócios em comum. O investidor está criando um outro ecossistema mais abrangente, com seu portfólio de empresas, que abraça outros menos temáticos (mobilidade, energia, exploração aeroespacial etc.), criando um negócio expansionista que tem como fundamento a aplicação de tecnologia de ponta.

Se, por um lado, conforme exploramos na introdução, a hipercompetição é um dos principais vetores que justificam a inovação como um imperativo estratégico, a viabilidade da estrutura de ecossistemas habilita possibilidades até então inéditas de aplicação prática de ideias e projetos originais que vão do desenvolvimento de produtos aos modelos de negócios.

A partir da perspectiva de ecossistemas, as oportunidades de estruturação de Motores 2 de crescimento ganha uma nova dimensão. As organizações que conseguem adaptar sua arquitetura organizacional a essa nova dinâmica conseguem capturar um valor muito maior do que no modelo tradicional de controle de cadeias produtivas lineares. Novos fluxos de receita são gerados, novos marcos competitivos são viabilizados, e a organização consegue alterar as fronteiras de atuação do seu negócio, atingindo territórios e espaços inimaginados.

Da mesma maneira que esse novo contexto gera oportunidades singulares, o desafio, que enunciamos anteriormente, do equilíbrio entre a blindagem do negócio principal simultaneamente ao desenvolvimento de novas possibilidades ganha contornos mais críticos. Se, por um lado, inúmeras oportunidades são geradas, por outro, uma organização que tenha recursos limitados e faça movimentos desencontrados sem uma estratégia clara perderá eficiência operacional e fará má gestão de seus recursos internos.

É necessário que a empresa e seus líderes estruturem uma visão clara de suas escolhas estratégicas, do equilíbrio de suas frentes de inovação e como elas estão organizadas em uma linha do tempo, constituindo a base da sustentabilidade futura da organização.

A Mckinsey, uma das principais consultorias de negócios do mundo, ofereceu uma contribuição importante para essa gestão quando desenvolveu o conceito dos horizontes de inovação como uma estrutura para ajudar as empresas a gerenciar seus esforços de inovação de modo eficaz. Esse conceito apareceu pela primeira vez na obra *A alquimia do crescimento*,[13] publicada em 1999, de autoria de Mehrdad Baghai, Stephen Coley e David White, todos diretores de operações globais da McKinsey, uma das principais consultorias de negócios do mundo.

Em consonância com a visão dos Motores 1 e 2 de crescimento, os autores argumentam que as empresas precisam adotar uma abordagem de ambidestria para a inovação, combinando a exploração de novas oportunidades com a otimização dos negócios existentes.

---

13 BAGHAI, M.; COLEY, S.; WHITE, D. **A alquimia do crescimento**: os segredos das 30 empresas que mais crescem no mundo. São Paulo: Record, 1999.

Para uma gestão mais eficaz dessas frentes, sentenciam que as empresas devem gerenciar suas inovações organizando-as em três ciclos ou horizontes:

- **Horizonte 1 (H1)**
  Neste ciclo, as empresas se concentram em melhorar e otimizar seus produtos e serviços existentes. A inovação é centrada em torno das operações e processos atuais da empresa. Os investimentos em H1 têm um retorno mais rápido e são menos arriscados, pois estão alinhados com as competências e recursos existentes da empresa.

- **Horizonte 2 (H2)**
  O H2 envolve o desenvolvimento de novos produtos, serviços ou modelos de negócios que estão relacionados ao core business da empresa, mas que podem abrir novos mercados ou segmentos. Aqui o foco está na exploração de novas oportunidades adjacentes aos negócios existentes. A inovação no H2 é mais arriscada do que no H1, pois pode exigir investimentos significativos e envolver a exploração de novas áreas de mercado. O objetivo é acelerar o crescimento da empresa e criar novas fontes de receita.

- **Horizonte 3 (H3)**
  No H3, as empresas buscam oportunidades de inovação que estão fora do escopo de seus negócios existentes. Isso pode envolver a criação de novos produtos ou serviços totalmente disruptivos, a exploração de mercados totalmente novos ou a adoção de tecnologias emergentes. A inovação

no H3 é a mais arriscada, mas também tem o potencial de gerar transformações significativas no mercado.

Esses três ciclos de inovação são frequentemente representados como uma matriz, na qual o H1 representa a inovação no nível mais próximo do negócio principal, o H2 representa a inovação no nível intermediário e o H3 representa a inovação mais distante do negócio principal, conforme a Figura 1.1.

Figura 1.1 Matriz dos ciclos de inovação[14]

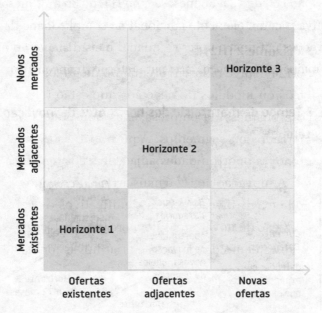

---

14 BAGHAI, M.; COLEY, S.; WHITE, D. **A alquimia do crescimento**: os segredos das 30 empresas que mais crescem no mundo. São Paulo: Record, 1999.

Para que a empresa seja bem-sucedida em sua gestão da inovação, ela deve equilibrar seus investimentos em todos os três horizontes para garantir um portfólio diversificado e sustentável. Cada horizonte tem um tempo de maturação diferente. O H1 tem o tempo mais curto e o H3, o mais longo.

Quando o conceito original foi publicado por Baghai, Coley e White, em 1999, essa perspectiva temporal estava bem definida, sendo frequentemente expressa como na Figura 1.2, em uma matriz Receita × Tempo.

De acordo com os autores, no H1 o tempo de maturação é de 0 a 12 meses; no H2, de 12 a 36 meses; e, no H3, de 36 a 72 meses. Essa perspectiva traz um elemento adicional na complexidade da gestão das inovações em uma empresa – quanto mais distante do negócio central, maior o tempo necessário para retorno financeiro do projeto.

Figura 1.2 Tempo de maturação dos horizontes de inovação – receita × tempo[15]

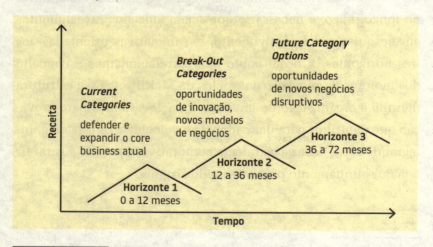

---

15 BAGHAI, M.; COLEY, S.; WHITE, D. *op. cit.*

Em 2019, no entanto, Steve Blank publicou o artigo "McKinsey's Three Horizons Model Defined Innovation for Years. Here's Why It No Longer Applies",[16] no qual reconhece a relevância do conceito, porém faz uma crítica justamente quanto ao tempo de maturidade requerido em cada ciclo.

De acordo com o autor, essa definição baseada no tempo fazia sentido no século XX, quando novas ideias disruptivas levavam anos para ser pesquisadas, projetadas e entregues. Isso já não é verdade no século XXI, em uma economia que tem como imperativo a velocidade.

Embora seja esperado pela análise tradicional que as inovações disruptivas do H3 levem anos a desenvolver-se, os três horizontes não estão mais limitados pelo tempo. Nos dias de hoje, as ideias disruptivas do H3 devem ser projetadas para ser entregues com mais agilidade, de modo que sejam viáveis rapidamente.

Cada horizonte requer um foco diferente – gestão, ferramentas e objetivos. Para que uma empresa se mantenha sustentável no longo prazo, é necessário que sejam alocados investimentos em pesquisa e desenvolvimento, em iniciativas orientadas aos três horizontes. É neste ponto que correlacionamos o conceito dos motores de inovação aos ciclos da McKinsey. Essa estrutura permite à organização desenvolver uma governança para inovação que contribui para dar cadência e velocidade ao sistema, integrando essas ações à estratégia corporativa, de modo a garantir o maior alinhamento possível a todo sistema.

---

16 BLANK, S. McKinsey's Three Horizons Model Defined Innovation for Years. Here's Why It No Longer Applies. **HBR**, 1 fev. 2019. Disponível em: https://hbr.org/2019/02/mckinseys-three-horizons-model-defined-innovation-for-years-heres-why-it-no-longer-applies. Acesso em: 12 jan. 2024.

AS EMPRESAS NÃO COMPETEM MAIS APENAS COMO ENTIDADES INDIVIDUAIS. ELAS COMPETEM COMO PARTE DE ECOSSISTEMAS MAIORES E INTERCONECTADOS.

@SANDROMAGALDI
@JOSESALIBINETO

Em geral, podemos combinar as iniciativas orientadas ao Motor 1 com H1, e aquelas relacionadas ao Motor 2 com H2 e H3.

Essa modelagem também contribui para uma visão integrada das frentes orientadas à inovação incremental ou de sustentação, e à inovação disruptiva.

A inovação incremental é um conceito clássico do pensamento sobre administração e compreende uma abordagem que se concentra na melhoria gradual de produtos, processos e serviços existentes. Essa abordagem contínua de aprimoramento é uma maneira eficaz de manter a competitividade das organizações. As iniciativas com esse perfil se enquadram no H1.

Gostamos muito, também, de uma vertente desse conceito que ficou conhecida mais recentemente como inovação de sustentação. Ela também se relaciona com o aprimoramento do sistema atual e traz uma abordagem orientada à sustentação do desempenho e relevância da organização em um ambiente competitivo em constante mudança, como o atual.

Em contrapartida a essa estrutura temos a "inovação de ruptura" (ou inovação disruptiva), conceito popularizado pelo professor da Harvard Business School, Clayton Christensen, em sua obra *O dilema da inovação*.[17] A inovação de ruptura reconfigura segmentos e mercados inteiros, introduzindo produtos ou serviços inovadores ou, ainda, uma nova maneira de fazer negócios.

Geoffrey Moore, autor de *Atravessando o abismo*,[18] define a inovação de ruptura como a introdução de um produto ou serviço

---

17 CHRISTENSEN, C. M. **O dilema da inovação**: quando as novas tecnologias levam empresas ao fracasso. São Paulo: M.Books, 2011.
18 MOORE, G. **Atravessando o abismo**: marketing e venda de produtos disruptivos para clientes tradicionais. Rio de Janeiro: Alta Books, 2021.

que é acessível e simples o suficiente para um grande segmento de mercado, ignorado ou mal atendido por fornecedores estabelecidos. Isso cria uma "fissura" ou "abismo" entre os adotantes iniciais e a maioria do mercado. É daí que emerge o termo "ruptura". Esse modelo de inovação está concentrado, geralmente, no H2 e, sempre, no H3 dos ciclos da McKinsey.

Mais adiante exploraremos em detalhes as estruturas de formação de Motores 2, porém apresentaremos, a seguir, a referência de uma organização cuja estratégia atual tem íntima relação com o conceito para exemplificar sua aplicação prática e conexão com os horizontes de inovação.

Em setembro de 2021, o então presidente da Ambev, Jean Jereissati, mencionou, durante uma teleconferência com analistas de mercado, que a empresa estava se transformando em uma "plataforma de bebidas". Foi, então, introduzida pela primeira vez uma visão que tem se consolidado de modo crescente na estratégia da organização – a Ambev busca ser mais do que uma empresa de bebidas migrando seu negócio para uma plataforma de negócios.

No evento interno de tecnologia da companhia, Ambev Tech & Cheers, realizado em agosto de 2022, Jereissati enfatizou que a empresa, cada vez mais, integra em si não apenas suas marcas, mas também tecnologia.

Ao longo de sua trajetória, a organização implementou, de maneira disciplinada e com muito vigor, a cartilha clássica da estratégia empresarial. Por meio de um ritmo agressivo de fusões e aquisições, aliadas a um crescimento orgânico robusto, a empresa conquistou uma participação de 60% do mercado global de cervejas.

Essa estratégia fez a empresa mais do que dobrar seu faturamento em oito anos no Brasil, atingindo a cifra de 79 bilhões de reais em

2022. O perfil de investimento em inovação da empresa sempre esteve concentrado na defesa e expansão de seu negócio central com a estratégia de fortalecimento da presença no mercado já existente, com produtos existentes. Estratégia típica do H1 de inovação com a consolidação e o fortalecimento do Motor 1 da empresa.

No entanto, o lucro antes de juros, impostos, depreciação e amortização (EBITDA) da companhia teve um declínio relevante, passando de 48% em 2014 para 29,8% em 2022. A despeito do seu êxito histórico, o crescimento baseado no controle de sua cadeia de valor demonstrou, ao longo dos anos, perda de vigor. O impacto na rentabilidade do negócio foi influenciado por diversos fatores econômicos, como o aumento global da taxa de juros, e mercadológicos, como o incremento de novos concorrentes locais e globais.

Tendo em vista a evolução desse quadro e as transformações do ambiente, a companhia entendeu a relevância da inovação como um modo de desenvolver novos fluxos de geração de receitas e negócios, afora o segmento tradicional das bebidas, indo além de seu Motor 1 de crescimento.

Diversas iniciativas foram geradas com esse objetivo e, posteriormente, exploraremos um dos principais ambientes de fomento dessas inovações, a ZX Ventures, o laboratório de inovação da Ambev. No entanto, por agora, apresentaremos como dois promissores projetos de inovação se enquadram na visão do Motor 2 de crescimento aliados aos H2 e H3 de inovação da McKinsey.

Em 2019, a empresa lançou o BEES, uma plataforma de e-commerce que permite aos mais de um milhão de pontos de vendas atendidos pela Ambev (bares, restaurantes, pequenos varejistas etc.) adquirir dezenas de produtos de outros fornecedores, indo além da venda exclusiva das bebidas da marca.

Na plataforma, que tem o formato de um marketplace, é possível adquirir produtos de mais de quarenta outras empresas como BR Foods, Pernod Ricard, Mondeléz, Piracanjuba, entre outras. Com isso, além das tradicionais bebidas da companhia, os clientes podem adquirir de destilados a chocolates, passando por *snacks*, leite, água e um portfólio com mais de quatrocentos itens distintos.

Para viabilizar o projeto, a Ambev aproveita sua capacidade e capilaridade de atendimento atingindo mais de seiscentas cidades do Brasil com sua força de vendas e logística. Para as indústrias que aderem ao sistema, é uma maneira de ampliar o alcance de suas vendas sem a necessidade de imobilizar capital em uma estrutura comercial proprietária, além da possibilidade de utilização do sistema de logística da plataforma.

No segundo trimestre de 2023, o projeto cresceu 64% em relação ao período anterior, atingindo um volume anualizado de 1,7 bilhão de reais em vendas dentro da plataforma. De acordo com a empresa, mais de 90% dos clientes da Ambev já utilizam o BEES, e acima de 70% deles adquiriram produtos não Ambev.[19]

Em um ano, a empresa quase triplicou o volume bruto de mercadorias disponíveis na plataforma em um movimento crescente de aquisição de novos parceiros comerciais. Isso indica a possibilidade de um crescimento exponencial do projeto, já que ele possui uma estrutura altamente escalável, pois seus custos e despesas variáveis não acompanham, simetricamente, as novas receitas, derivadas tanto da comercialização de mais itens por

---

19 NOR, B. O segredo da Ambev para ter muita consistência e quase nada de espuma. **Época Negócios**, 15 out. 2023. Disponível em: https://epocanegocios.globo.com/especiais/360/noticia/2023/10/o-segredo-da-ambev-para-ter-muita-consistencia-e-quase-nada-de-espuma.ghtml. Acesso em: 22 mar. 2024.

cliente, provenientes da expansão do portfólio, quanto do crescimento nominal das vendas para cada comprador da plataforma.

Além do valor gerado especificamente para a plataforma, o BEES gera benefícios importantes para sua controladora. Tradicionalmente, o tempo médio utilizado por um promotor de vendas da Ambev para a apresentação de suas ofertas em cada estabelecimento comercial não passava de 7 minutos por cliente. Com o BEES, esse tempo passou a 28 minutos, e o profissional expandiu seu papel, atuando como consultor e gerando mais proximidade e intimidade com seus clientes.

O BEES é um exemplo clássico de Motor 2 de crescimento. O projeto expande seus tentáculos indo além do negócio central da companhia e se aproveita de suas fortalezas para oferecer uma nova experiência aos clientes. Da mesma maneira, a iniciativa pode ser enquadrada no H2 de inovação, já que oferece uma nova gama de produtos aos clientes, inovando seu modelo de negócios por meio da oferta de bens que extrapolam os limites do seu portfólio tradicional de bebidas. Com essa iniciativa, a organização estrutura novos fluxos de geração de receita, ingressando no mercado de varejo *business to business* (B2B), em complemento à sua atuação na indústria de bebidas.

Um exemplo do potencial desse projeto e como ele permite a expansão dos territórios de atuação da companhia pode ser observado com um movimento inimaginável para os padrões de uma empresa industrial que utiliza canais de vendas não proprietários, como o varejo clássico, para atender seus mercados.

Em 2022, o Pão de Açúcar, um dos maiores varejistas do Brasil, anunciou a adesão ao BEES para ofertar seu portfólio de produtos. A lógica por trás desse movimento reside no desafio que a empresa tem para acessar o mercado composto de pequenos e médios estabelecimentos comerciais. O Pão de Açúcar vislumbrou, no BEES, um potencial distribuidor para acessar esse segmento em que não possui posição de mercado relevante.

O que chama atenção nesse movimento é que os supermercados sempre foram um dos principais canais de vendas da indústria de bebidas, e o cabo de guerra entre esses agentes se notabilizou ao longo dos anos com verdadeiras batalhas épicas por meio de extensas e profundas negociações entre as partes. Via de regra, os varejistas detinham maior poder de barganha na relação devido a sua posição predominante de acesso a universos representativos de consumidores com seus pontos de vendas (sobretudo físicos).

A Ambev, com o BEES, subverte essa lógica de mercado invertendo os papéis com um agente fundamental de seu ecossistema. Esse movimento representa um novo balanço de forças entre as empresas, uma nova dinâmica emergindo, o que, certamente, redimensionará o tipo de relacionamento entre todos. Uma das possibilidades mais virtuosas de inovações e Motores 2 de sucesso é que eles têm a capacidade de reconfigurar as fronteiras de um negócio e o equilíbrio de forças entre os agentes de seu ecossistema. O BEES é uma referência clara dessa perspectiva.

A Ambev desenvolveu outro projeto que permite a expansão do conceito, trazendo novas perspectivas para a reflexão estratégica. Em 2016, também por meio de seu laboratório de inovação, a ZX Ventures, foi promovida uma discussão acerca de uma das principais demandas dos consumidores finais de bebidas, sobretudo de cervejas – ter o produto à disposição onde e quando quiser, de preferência, gelado.

Como resultado dessa reflexão, surgiu a ideia de um aplicativo que conectasse consumidores a estabelecimentos locais que já vendem as bebidas, porém não contam com estrutura de logística para entregas rápidas. A ideia começou a ganhar corpo e relevância, uma vez que a Ambev já tem desenvolvida uma malha com mais de 1 milhão de pontos de vendas em todo Brasil (mais uma vez, esse ativo mostra sua importância) que são abastecidos regularmente com os produtos da empresa. Ou seja, a capilaridade, um dos elementos mais críticos dessa estrutura, está pronta.

A percepção de que havia um mercado com potencial importante a ser explorado e um projeto que permitiria uma conexão mais próxima da Ambev com seus consumidores finais dá origem ao Zé Delivery.

Desde o início do projeto, a empresa optou por criar uma startup com estrutura autônoma e gestão independente, de modo a garantir autonomia e a agilidade necessárias para explorar as possibilidades da nova iniciativa. Estava claro, para a companhia, que ingressava em um novo mercado no qual não tinha experiência prévia: delivery para o consumidor final. Com isso, acessava um novo universo de competidores. Não são mais as companhias de bebidas locais e globais a merecerem sua atenção, e sim empresas como iFood, Rappi e Uber.

O Zé Delivery garante ao estabelecimento comercial a estrutura de logística e se responsabiliza pela geração de demanda, investindo na divulgação da plataforma. Ao cliente cabe ter o produto disponível nas condições necessárias para entregas rápidas.

Para viabilizar o projeto, a empresa teve de desenvolver uma nova competência, pondo em prática um novo modal de logística ao qual não estava habituada: a remessa por motoboys. A viabilidade de uma nova região para atuação do aplicativo requer não apenas estabelecimentos acessíveis, mas, e principalmente, uma rede de entregadores disponíveis, com agilidade. Por esse motivo, o Zé Delivery inicia sua atuação em 2016 apenas em São Paulo e só um ano depois expande o projeto para o Rio de Janeiro, Belo Horizonte e outras cidades.

O projeto tem evoluído com muito sucesso. Atualmente, é o maior aplicativo de bebidas do Brasil. Em 2022, atingiu a marca de 5 milhões de clientes ativos mensais, entregou mais de 62 milhões de pedidos em mais de 380 cidades localizadas em todos os 27 estados brasileiros.[20] A Ambev não informa os valores de vendas específicos do Zé Delivery, porém relatório publicado pelo banco Credit Suisse em 2021 estima que a plataforma tem potencial de gerar um EBITDA de 1 bilhão de reais em 2026.[21]

Indo além do resultado financeiro, no entanto, existe um benefício gerado pelo projeto que nunca foi alcançado anteriormente por sua controladora: ter acesso ao consumidor final e à geração de informações do perfil de consumo desse público. A Ambev sempre teve um intermediário na relação com seus clientes, o que gerou distanciamento do seu público consumidor. Com o Zé Delivery, além de maior intimidade, a empresa consegue ter acesso a informações sobre o comportamento desse público, o que lhe confere importante vantagem competitiva em relação às empresas tradicionais do setor. Além disso, é proprietária de um

---

20 AMBEV. Comissão de valores mobiliários dos Estados Unidos, Washington, D.C. 20549. p. 53. Disponível em: https://api.mziq.com/mzfilemanager/v2/d/c8182463-4b7e-408c-9d0f-42797662435e/643f586d-bfc2-aa93-598e-32039d-f40b04?origin=1. Acesso em: 22 mar. 2024.
21 SAMOR, G. Credit Suisse estima EBITDA de R$ 1 bi para o Zé Delivery. **Brazil Journal**, 4 jun. 2021. Disponível em: https://braziljournal.com/credit-suisse-estima-ebitda-de-r-1-bi-para-o-ze-delivery/. Acesso em: 22 mar. 2024.

potente canal de vendas exclusivo, no qual pode realizar experimentações, lançar outras bebidas e assim por diante.

A expansão do projeto, no entanto, vai muito além da oferta de novos produtos na plataforma. Entendendo que o principal benefício gerado pelo projeto é a conveniência a seus clientes, o Zé Delivery prepara novos experimentos orientados à geração desse valor em diversas frentes como o Zé Express, uma geladeira pensada para condomínios. O consumidor cadastrado escaneia um QR Code, abre a geladeira, escolhe seu produto e o adquire no conforto do seu lar. A bebida adquirida é reconhecida e debitada do cartão registrado no aplicativo, automaticamente. Esse projeto está sendo concebido e visa tornar-se uma franquia, aumentando ainda mais seu alcance geograficamente.

O Zé Delivery é mais um autêntico caso de Motor 2 de crescimento da Ambev, com uma inovação disruptiva do H3, já que cria uma nova empresa, atingindo um novo mercado para a organização (no caso, o acesso direto aos consumidores finais) com uma nova oferta (o delivery). Como no caso do BEES, a iniciativa da Ambev expande as fronteiras de seu negócio central, indo além do segmento de bebidas e inaugurando sua atuação no mercado de conveniências.

Ao longo desta obra, retornaremos a esse exemplo, já que ele nos traz referências práticas importantes que corroboram nossas teses, como a análise dos fundamentos essenciais para o sucesso dessas iniciativas, o papel do laboratório de inovação na estruturação dos projetos, os mecanismos de execução para viabilizar a ideia, entre outras perspectivas. Por ora, é importante observar como tanto o BEES quanto o Zé Delivery demonstram, de modo inequívoco, a diferença da atitude clássica da Ambev quando atuava, eminentemente, como gestora de sua cadeia de valor tradicional, controlando todas as etapas e fatores críticos do sistema de maneira linear, para a organização que se posiciona como protagonista de um ecossistema multidimensional e global.

A possibilidade de captura de valor da organização cresce exponencialmente à medida que amplia o alcance de seus tentáculos da indústria de bebidas para negócios de vendas B2B e conveniência. As possibilidades da expansão desses projetos têm o potencial de elevar a organização a outro patamar, expandindo seus territórios de atuação e ampliando sua influência de maneira muito mais ampla e poderosa.

Observe como fica o portfólio de inovações da Ambev e sua expansão com esses Motores 2 de crescimento correlacionados aos horizontes e inovação na Figura 1.3.

Figura 1.3 Expansão do portfólio de inovação da Ambev relacionada aos horizontes de inovação

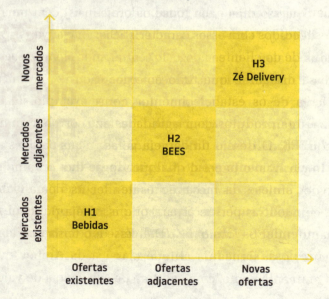

É importante ressaltar que optamos por citar duas inovações dos motores de crescimento da Ambev, mas existem outras iniciativas de impacto que já foram lançadas por eles, como o BEES Bank, uma *fintech*, e outras que estão sendo incubadas. A partir do momento que a organização entendeu a relevância da inovação, adaptando sua cultura e sistemas de gestão a essa realidade, novas perspectivas emergiram e continuam emergindo visando à estruturação de uma nova matriz de crescimento para a empresa que não está restrita exclusivamente ao fortalecimento de seu negócio central.

Exploraremos em profundidade as bases para construção do Motor 2 de crescimento para que você tenha condições de entender em detalhes o modelo e possa mimetizar essa estrutura em seus projetos. Há um aspecto central, porém, que vai além das características estruturantes para a viabilização desse mecanismo. Esse elemento está presente de modo notório nas referências da Ambev que citamos e em todos os projetos bem-sucedidos com essas características: a centralidade do cliente.

É DESSA DIMENSÃO QUE TUDO EMERGE.

É dessa dimensão que tudo emerge. A necessidade de os estabelecimentos comprarem outros produtos com agilidade fez surgir o BEES. O desejo da cerveja gelada em qualquer momento e em qualquer lugar deu origem ao Zé Delivery. A síntese da inovação é atender às demandas dos clientes de modo superior, e para que isso seja possível é necessário entender os *jobs to be done*. Esse é o tema do próximo capítulo de nossa jornada.

02.

ATENDENDO ÀS DEMANDAS DOS CLIENTES

Se existe um tema presente, invariavelmente, em todas as nossas obras, esse tema é a centralidade do cliente ou, na sua versão em inglês, o *customer centricity*. Desde *Gestão do amanhã*, em que definimos a implantação e garantia dessa orientação dentro da organização como uma das atribuições principais do líder da atualidade, passando pela sua correlação central com a cultura organizacional em *O novo código da cultura*,[22] mesma posição que ocupa no nosso framework do *Estratégia adaptativa*, até o resgate do tema como parte integrante das novas competências apresentadas no *Liderança disruptiva*,[23] promover o cliente ao centro da jornada de criação de valor das empresas é um dos imperativos mais claros da nova realidade dos negócios.

Essa perspectiva é derivada de fatores já explorados por aqui, com destaque à hiperconcorrência generalizada, que, como consequência, gera clientes muito mais exigentes e bem-informados. É a "era dos clientes nunca satisfeitos". Além disso, a potência e a acessibilidade da tecnologia habilitam a utilização de ferramentas e estruturas jamais disponíveis para as empresas e seus líderes, que têm condições de análises mais

---

22 MAGALDI, S.; SALIBI NETO, J. **O novo código da cultura**: vida ou morte na era exponencial. São Paulo: Gente, 2019.
23 MAGALDI, S.; SALIBI NETO, J. **Liderança disruptiva**: habilidades e competências transformadoras para liderar na gestão do amanhã. São Paulo: Gente, 2022.

profundas dos comportamentos e demandas de seus clientes, além da possibilidade de construção de soluções muito mais eficientes para promover experiências com seus produtos e serviços superiores às existentes.

Como aponta Regis McKenna em sua obra *Competindo em tempo real*,[24] uma empresa, atualmente, tem condições de saber o que seus clientes estão fazendo, mas, mais do que isso, o que estão pensando. Com essas informações, e por meio das tecnologias disponíveis, é possível dispensar-lhes atenção imediata destinada a atender às suas necessidades específicas.

Potencialmente, temos o fim da era das soluções padronizadas, na qual os clientes precisavam se adaptar às alternativas existentes. Agora, a orientação dos vetores mudou, e são as empresas que se adaptam às demandas e aos comportamentos dos clientes, inaugurando a era da personalização da experiência.

A dinâmica desse novo mundo é o que justifica a promoção da inovação como um dos principais preceitos estratégicos da atualidade: desenvolver novas soluções, superiores às existentes, de maneira original, é obrigatório em um ambiente com alto nível de concorrência e empoderamento dos clientes.

Faz-se necessário, no entanto, esclarecer que o perfil clássico da inovação também se transforma nesse novo contexto. Tradicionalmente, o conceito sempre esteve relacionado a uma abordagem que começava com a geração de ideias dentro da organização e, em seguida, por métodos de avaliação e triagem que determinavam quais dessas têm a preferência do cliente.

---

24 McKENNA, R. **Competindo em tempo real**: estratégias vencedoras para a era do cliente nunca satisfeito. São Paulo: Campus, 1998.

Esse agente, via de regra, não era envolvido no processo de desenvolvimento do novo projeto, o que dificultava o entendimento pleno de suas necessidades. Desse modo, apenas quando a ideia preconcebida se configurava em um produto ou serviço, que ela era levada ao mercado para que o cliente se adaptasse à nova realidade.

Como consequência dessa dinâmica, a inovação, via de regra, ficava circunscrita a um departamento em particular (normalmente, às áreas de Pesquisa e Desenvolvimento – P&D) e adquiria um perfil extremamente orientado ao desenvolvimento de produtos com os demais departamentos da organização, tendo uma visão parcial de todo o processo (de acordo com seu envolvimento em específico).

A adaptação ao novo ambiente deve contemplar um processo de inovação que não seja escravo da ideia, mas esteja centrado no cliente. Essa abordagem inverte a ordem da concepção do projeto. Primeiro, a empresa pesquisa e entende quais são as necessidades do cliente, quais delas não estão sendo atendidas e, por fim, cria soluções para atendê-las.

Nesse modelo, o cliente é envolvido desde a concepção do projeto, sobretudo nas suas entregas iniciais, para que haja um claro entendimento da adequação da ideia à sua realidade. A ideia inovadora se desenvolve por meio das interações com seu usuário, evoluindo de acordo com esses feedbacks.

Tudo se inicia com o cliente, e todo o desenvolvimento do processo conta com a participação ativa dele.

Além disso, essa abordagem compreende que a inovação esteja presente por toda a organização, extrapolando os tentáculos de uma área em específico. Com isso, em vez de estar circunscrita ao campo do desenvolvimento de produtos, seu alcance atinge outras perspectivas e modalidades como novos modelos de negócios, processos internos e externos, novas unidades de negócios e assim por diante.

O ENTENDIMENTO DA INOVAÇÃO COMO IMPERATIVO DO NEGÓCIO PRESSUPÕE QUE ELA ESTÁ NO CENTRO DE TODO PENSAMENTO ESTRATÉGICO DA COMPANHIA, INFLUENCIANDO TODO O SISTEMA DE GESTÃO DA ORGANIZAÇÃO.

Esse novo perfil da inovação, centrado no cliente, é que justifica seu papel fundamental na estruturação de Motores 2 de crescimento. A base de todo pensamento orientado a esse sistema é a centralidade do cliente. Se essa dimensão não estiver internalizada e sólida na companhia, os esforços tendem a ser efêmeros e superficiais. Utilizando uma terminologia popular no campo esportivo, ao agir desse modo, a empresa só está "jogando para a torcida", em um esforço muito mais orientado à projeção de sua imagem no mercado do que comprometida, de fato, com a evolução de seu negócio. Os resultados tendem a ser proporcionais à profundidade do processo – efêmeros, superficiais e sem sustentabilidade.

Um conceito que temos enfatizado com insistência em nossos projetos ajuda a concretizar a visão da centralidade do cliente: os já populares *jobs to be done* (JTBD), ou "trabalhos a serem feitos".

2.1 ENTENDENDO OS *JOBS TO BE DONE*

- **Jobs to be done**
- **1964** Drucker lança a obra *Managing for Results* e introduz a visão de "o que um cliente compra raramente é o que uma empresa pensa estar lhe vendendo".
- **1982** Thomas Peters e Robert Waterman, no best-seller *In Search of Excellence*,[25] trazem a orientação ao cliente como um dos fundamentos do sucesso para as empresas.
- **1983** Theodore Levitt lança *The Marketing Imagination*[26] e sentencia: "As pessoas não querem uma broca de 5 milímetros. Elas querem um buraco de 5 milímetros".
- **1985** Drucker introduz, em *Inovação e espírito empreendedor*,[27] o conceito dos JTBD: "Qual trabalho o cliente quer que seja feito e que influencia suas decisões de gastos?".
- **2004** Clayton Christensen e Michael E. Raynor introduzem a visão da relevância da inovação na obra *O crescimento pela inovação*.[28]
- **2016** Clayton Christensen *et al.* lançam o livro *Muito além da sorte*,[29] no qual evidenciam os JTBD ao afirmar que pessoas não apenas compram produtos e serviços, elas os trazem para dentro da sua vida para que possam progredir.

---

25 PETERS, T. J.; WATERMAN JR, R. H. **In Search of Excellence**: lessons from America's best-run companies. New York: Harper Collins, 2006.
26 LEVITT, T. **The Marketing Imagination**. New York: Free Press, 1986.
27 DRUCKER, P. F. **Inovação e espírito empreendedor**. Boston: Cengage Learning, 2016.
28 CHRISTENSEN, C.; RAYNOR, M. E. **O crescimento pela inovação**: como crescer de forma sustentada e reinventar o sucesso. São Paulo: Elsevier, 2003.
29 CHRISTENSEN *et al.* **Muito além da sorte**: processos inovadores para entender o que os clientes querem. Porto Alegre: Bookman, 2017.

Na obra *Estratégia adaptativa* exploramos em profundidade o significado dos JTBD, desde a sua origem, construindo uma síntese de sua linha do tempo, que retomamos para um melhor entendimento do conceito. De lá para cá, o termo tem se popularizado e, atualmente, alguns o tratam com tanta intimidade que comumente é apresentado apenas por sua sigla.

O precursor desse conceito foi Peter Drucker. Não à toa, ele tem presença frequente em nossas obras. O maior pensador da administração moderna introduziu os principais temas de gestão que se fortaleceram e consolidaram ao longo dos anos. Com os JTBD não foi diferente.

A referência surgiu, em 1964, na obra *Managing for Results*: "O que um cliente compra raramente é o que uma empresa pensa estar lhe vendendo". Essa perspectiva, mesmo nos anos 2000, parece ser de difícil entendimento por parte de muitas empresas e de seus líderes, pois a tendência do sistema de gestão clássico, de orientação aos meios produtivos, gera a miopia, a dificuldade de entendimento dessa lógica tão óbvia.

Aliás, poucos anos antes, em 1960, outro pensador lendário, Theodore Levitt, já enunciava um dos grandes riscos para as organizações derivado dessa tendência ao escrever um dos artigos que mais causaram impacto na história do mundo empresarial: "Marketing Myopia".[30]

Utilizando como referência o declínio da indústria ferroviária estadunidense, Levitt explorou como a falta de compreensão do comportamento de seus clientes foi decisiva para que as empresas

---

30 LEVITT, T. Marketing Myopia, 1960. **HBR**, jul.-ago. 2004. Disponível em: https://faculty.ksu.edu.sa/sites/default/files/levitt_marketingmyopia1.pdf. Acesso em: 13 jan. 2024.

líderes da época entendessem que não estavam no negócio de transporte, apenas no negócio ferroviário. Essa miopia fez com que esses empresários negligenciassem o avanço da indústria automobilística, levando o setor inteiro ao irremediável declínio.

O autor já prenunciava um quadro que se tornaria ainda mais crítico com o aumento da concorrência nos anos 1980, quando os mercados sofreram o impacto de um acirramento na competição e os conceitos sobre centralidade do cliente foram resgatados. Tom Peters e Robert Waterman, no best-seller *In Search of Excellence*, publicado pela primeira vez em 1982, trazem essa perspectiva como um dos fundamentos do sucesso.

Observe que curioso é esse trecho resgatado de um dos capítulos da obra (em tradução livre):[31]

> *A mensagem de que uma empresa deve ser próxima de seus clientes parece bastante positiva. Mas então surge a pergunta: por que um capítulo como este precisa ser escrito? A resposta, apesar de todos os avisos orientados para o mercado esses tempos [...], é que o cliente ainda é ignorado ou considerado uma amolação.*

Não seria surpresa se esse trecho fosse redigido em algum periódico ou livro nos dias atuais. O pensamento, a despeito de terem se passado mais de quarenta anos da sua primeira publicação, continua atual e presente.

---

31 PETERS, T.; WATERMAN, R. **In Search of Excellence**. EUA: HarperBusiness Essentials, 2004. p. 156.

Atendendo às demandas dos clientes

Em 1983, depois de ter publicado inúmeros artigos acadêmicos, Levitt lançou seu único livro, *The Marketing Imagination*, obra clássica que conta com uma coletânea de artigos altamente impactantes. É nessa obra que o autor cita uma de suas frases mais célebres: "As pessoas não querem uma broca de 5 milímetros. Elas querem um buraco de 5 milímetros". Aqui, temos a essência dos JTBD. Ou seja, os indivíduos estão interessados nos benefícios gerados pelos produtos ou serviços ofertados, e não em suas características.

Essa obra, aliás, faz uma provocação que serve de alerta a todos os líderes empresariais quando comenta que uma empresa começa com o cliente e suas necessidades, não com uma patente, matéria-prima ou habilidade de vendas, como muitos parecem supor ao apaixonar-se com tanta determinação pelos atributos internos de seu negócio em detrimento de nutrirem o olhar do cliente em seu projeto.

Catalisando toda evolução desse conceito, em 1985, Drucker lança a obra *Inovação e espírito empreendedor*, que introduz definitivamente o termo JTBD conceituando-o como "o trabalho que o cliente quer que seja feito e que influencia suas decisões de gastos".[32]

Durante décadas, o conceito, a despeito de ser proferido com frequência por líderes empresariais em discursos pomposos e politicamente corretos, foi negligenciado, em sua plenitude, nas estratégias corporativas. Porém, como demonstramos, os anos 2000 trazem um novo marco competitivo.

Foi Clayton Christensen, professor da Harvard Business School, que já havia introduzido a visão da relevância da inovação na obra *O crescimento pela inovação*, publicada em 2004,

---

[32] DRUCKER, P. **Inovação e espírito empreendedor**. São Paulo: Cengage, 2016.

que resgata e populariza, definitivamente, o termo JTBD como um dos preceitos básicos para as empresas serem bem-sucedidas em suas estratégias orientadas à inovação.

Em 2016, no livro *Muito além da sorte*, Christensen traz a perspectiva de que as pessoas não apenas compram produtos e serviços, elas os trazem para dentro da própria vida para que possam progredir. Esse avanço é o *job* que elas querem realizar. De acordo com o autor, se entendermos isso, abre-se um mundo inteiro de possibilidades de inovação.

A TEORIA DOS JTBD VAI À CAUSA RAIZ DOS COMPORTAMENTOS DOS CLIENTES E TRAZ À TONA AS DIMENSÕES FUNCIONAIS, SOCIAIS E EMOCIONAIS QUE EXPLICAM POR QUE OS CLIENTES FAZEM AS ESCOLHAS QUE FAZEM.

A despeito de sua obviedade, trata-se de um conceito complexo e profundo. Sempre que buscamos entender teses com essas características de maneira prática, recorremos à nossa realidade e experiência pessoal, pois elas contribuem para materializar seu significado. Esse caso não é diferente, e vamos utilizar o mesmo artifício que utilizamos no livro *Estratégia adaptativa* para que você entenda o impacto dos JTBD na atualidade e como eles são responsáveis pelo sucesso das organizações protagonistas da nova economia.

Para isso, convidamos você a fazer uma breve reflexão e voltar ao passado. Não é necessário que essa viagem seja tão longa. Que tal voltarmos ao início dos anos 2000? Você lembra como buscava um táxi para se transportar de um local ao outro? E ouvir músicas? O que tinha de fazer para ouvir a música desejada no momento e no local onde estava? E, se fosse empreendedor, como anunciava seu negócio para captar novos clientes?

Essa lista pode ser interminável. Aqui estão apenas alguns exemplos que mostram como nossa vida foi transformada dramaticamente nos últimos anos graças às novas soluções que emergiram nessa nova economia.

Os aplicativos móveis reduziram a assimetria na busca por um automóvel disponível, automatizando todo o processo por meio da tecnologia. As empresas de streaming de áudio, como o Spotify, facilitaram a busca pela música desejada, dispensando a posse de discos, fitas cassetes e todos os aparelhos domésticos para reproduzi-los. O Google reduziu a assimetria na busca das empresas pelo seu cliente ideal, que resultava em alto dispêndio nos investimentos de mídia, pois era necessário atingir um universo grande de potenciais consumidores que não estavam no perfil ideal do anunciante. A tecnologia trouxe mais eficiência ao processo e racionalização dos gastos com publicidade para as organizações de todos os portes.

Todas essas soluções e outras com perfil similar, como Netflix, com seleção de filmes; Amazon, com as compras; Waze, com o deslocamento, e assim por diante, têm base tecnológica, porém são expressões de uma dinâmica que vai muito além da tecnologia. Todas elas, sem exceção, só foram bem-sucedidas por serem orientadas à jornada do cliente.

Afinal, essas empresas obtiveram êxito ao entender os trabalhos que os indivíduos desejavam realizar, os seus JTBD, e utilizaram a tecnologia para promover uma experiência superior àquela anteriormente disponível.

A tecnologia não é a finalidade essencial nesse processo. Ela é o meio que permite potencializar ao máximo essa dinâmica.

O grande diferencial está em como promover uma solução que leve ao extremo a colocação do cliente no centro do processo de criação de valor da organização e gerar uma experiência superior.

O desafio para implantar essa visão reside no fato de que, tradicionalmente, conforme já mencionamos, as organizações se acostumaram a uma estratégia que visa, sobretudo, aumentar o poder de barganha em relação aos seus clientes. A conquista desse posicionamento esteve lastreada no controle da cadeia de valor e na busca pelo acesso exclusivo aos recursos essenciais do sistema, reduzindo o nível de concorrência, o que gera uma maior dependência dos clientes em relação aos líderes de seus mercados. Essa lógica foi o paradigma dominante em detrimento de prover uma experiência superior aos clientes durante mais de um século.

O resultado dessa prática é que ela, deliberadamente, distanciou as organizações de seus consumidores, erigindo barreiras quase intransponíveis entre esses agentes. Como o principal objetivo sempre foi o de tornar o cliente dependente do negócio, a tendência, a despeito do discurso politicamente correto dominante, foi de encará-lo como uma consequência necessária para o projeto.

As novas empresas, protagonistas da nova era, adotaram a tecnologia para desconstruir essa lógica e têm sido exitosas não apenas pelo fato de utilizarem aparatos tecnológicos superiores, mas, e sobretudo, devido a uma prática sistemática, introjetada na cultura do negócio, de promover o cliente ao centro da sua jornada de criação de valor, provendo uma experiência superior à que ele tinha disponível. A conquista do cliente não se dá por limitações das opções disponíveis, e sim pela preferência deles em relação a alternativas concorrentes.

Note como essa lógica está introjetada nos casos citados. Os aplicativos de transporte atendem de maneira otimizada à demanda de um indivíduo se locomover do ponto A ao B; as plataformas de streaming de áudio permitem ao cliente ouvir a música desejada quando e onde quiser sem restrições físicas; o Google e as plataformas de mídia, como as da Meta (Instagram, Facebook, WhatsApp), tornam possível ao anunciante impactar apenas aqueles clientes que estão no perfil do seu negócio, otimizando seus investimentos em mídia.

A introdução dos JTBD no mundo empresarial foi tão determinante que representa um marco responsável por alçar uma companhia cambaleante ao posto de maior empresa do planeta. Seu líder, um dos maiores empreendedores da história, foi um dos principais promotores dessa visão, mesmo que de modo inconsciente, e foi sua execução que recuperou uma das companhias icônicas do mundo empresarial. A visão dos JTBD, introjetada por Steve Jobs, fundamentou a recuperação da Apple. Conhecer como começou essa jornada reserva lições importantes para entendermos a relevância e a aplicação prática do conceito.

2.2 COMO OS *JOBS TO BE DONE* RECUPERARAM A APPLE

A música sempre esteve presente na humanidade como uma das principais formas de entretenimento. Registros dão conta de que essa arte existe desde a Pré-História e foi executada em público de diversas maneiras ao longo da história. A música sempre fez parte de cerimônias religiosas, celebrações e outros eventos sociais em diversas culturas ao redor do mundo.

TUDO SE INICIA COM O CLIENTE, E TODO DESENVOLVIMENTO DO PROCESSO CONTA COM A PARTICIPAÇÃO ATIVA DELE.

@SANDROMAGALDI
@JOSESALIBINETO

A popularidade dessa expressão artística deu origem a uma indústria pujante. É impreciso definir quando a arte se transformou em um negócio, porém é provável que a prática de cobrar ingressos para apresentações musicais começou a se desenvolver na época do Renascimento, ou pouco antes, à medida que os músicos começaram a se apresentar fora do contexto das cortes reais e das igrejas, buscando novos modos de sustento.

No final dos anos 1600, o violinista e compositor italiano Arcangelo Corelli foi um dos primeiros músicos a realizar concertos públicos pagos, prática que se desenvolveu nos séculos XVIII e XIX. À medida que a música se tornou mais acessível ao público em geral, a cultura dos concertos se espalhou pela Europa e, posteriormente, pelo mundo.

Nesse contexto, a experiência de consumir música estava circunscrita à aquisição de shows e concertos presenciais. Esse cenário começa a se transformar, e os JTBD dos clientes mudam quando, no início do século XIX, surge a indústria fonográfica. A invenção do fonógrafo por Thomas Edison em 1877 e, posteriormente, a do gramofone por Emile Berliner em 1887 permitiram que a música fosse gravada e reproduzida, abrindo caminho para a comercialização da música gravada.

Naquele momento, os clientes tiveram acesso a outro modo de atendimento da sua demanda por esse tipo de entretenimento. Além de assistir a shows e concertos, era possível ouvir seus artistas preferidos no conforto de seus lares. O atendimento desses novos JTBD é responsável pela consolidação da indústria fonográfica, com o surgimento de várias gravadoras que se estabeleceram produzindo e distribuindo gravações musicais em larga escala.

O século XX vê o florescimento dessa indústria com o surgimento do rádio e o advento de novas tecnologias como a fita cassete, o CD e equipamentos portáteis como aparelhos de som 3 em 1, walkman, entre outras inovações que transformaram o modo como a música era produzida, distribuída e consumida.

A despeito dessa revolução, havia uma demanda não atendida pelos clientes que resultava em um desafio importante nos seus JTBD. Não era possível adquirir individualmente as músicas desejadas. Apenas por meio da aquisição de um disco de vinil, fita cassete ou CD completo de um artista era possível ouvir a faixa desejada. Assim, em geral, clientes tinham de adquirir um álbum completo, mesmo que desejassem ouvir apenas uma única música.

No final dos anos 1990 e começo dos 2000, como resultado da revolução tecnológica, uma conjunção de tecnologias emergentes ofereceu as condições para alterar esse quadro substancialmente. O desenvolvimento da internet com a popularização da banda larga, a concepção do formato do MP3, que comprime arquivos sem perda significativa de qualidade, e o desenvolvimento de softwares de compartilhamento de arquivos *peer-to-peer*, permitindo a troca direta de arquivos entre usuários individuais, geram as condições para a estruturação de uma oferta de valor que revolucionaria o setor.

E essa revolução, como tem sido frequente, não veio de um líder tradicional do setor. Em 1999, dois jovens, entendendo que as pessoas gostariam de ter seus desejos musicais atendidos de maneira personalizada e que a tecnologia disponível poderia viabilizar esses JTBD, fundam uma empresa que, a despeito de ter sobrevivido por aproximadamente dois anos, inicia uma revolução na indústria fonográfica, que nunca mais seria a mesma.

O Napster foi fundado nesse ano, nos Estados Unidos, pelo estudante universitário Shawn Fanning, de 18 anos, e por Sean Parker, de 19, que se conheceram por meio da internet. Basicamente, os jovens construíram um serviço que permitia aos usuários compartilhar arquivos de música MP3 gratuitamente pela internet.

Rapidamente o projeto ganhou popularidade, acumulando milhões de usuários, e tornou-se um dos serviços de compartilhamento de arquivos mais populares do mundo. A partir daquele momento, todo indivíduo poderia adquirir a música que desejasse, sem ter necessidade da aquisição do álbum completo do artista.

A ousadia e inexperiência dos empreendedores, no entanto, fizeram com que negligenciassem a parte fundamental para a existência do ecossistema da música: os artistas e as gravadoras.

O Napster não tinha, em seu modelo de negócios, nenhuma estrutura que remunerasse os detentores dos direitos autorais das músicas. Quando os agentes dominantes se deram conta do potencial de risco dessa inovação, agiram prontamente, iniciando uma batalha legal que começou em dezembro de 1999, quando várias gravadoras entraram na justiça estadunidense contra a startup.

Em julho de 2001, um tribunal dos Estados Unidos ordenou que o serviço fosse desativado, e o Napster encerrou definitivamente suas operações naquele ano. Em 2002, a marca foi comprada pela Roxio, que lançou um novo serviço de música legalizado sob o nome Napster. Atualmente, a empresa continua operando como um serviço de streaming de música por assinatura.

Apesar de sua curta jornada, o Napster "abriu a picada" para novas possibilidades, tendo um impacto decisivo e duradouro na maneira como consumimos música. A partir dessa experiência, ficou claro que havia um novo modo de atender às demandas dos clientes de modo muito mais personalizado e alinhado com suas necessidades.

É PLAUSÍVEL SUPOR QUE, A PARTIR DESSA SACUDIDA NO SEGMENTO, AS EMPRESAS LÍDERES DO SETOR ENTENDERIAM A NECESSIDADE DE NOVOS MODOS DE ATUAÇÃO, TRANSFORMANDO SEUS NEGÓCIOS, JÁ QUE AS AMEAÇAS SE EVIDENCIARAM DE MODO LATENTE, CORRETO? LEDO ENGANO.

Mais uma vez, a revolução veio de um *outsider*, uma empresa de fora do segmento. Em 2001, a Apple estava em franco processo de recuperação e transformação sob a liderança de Steve Jobs, que havia retornado à empresa em 1997.

Durante os anos 1990, a Apple enfrentou severas dificuldades financeiras e de mercado, e sua participação no segmento de computadores estava em declínio. Como parte de sua estratégia de diversificação, a empresa resolveu desenvolver um novo produto que aliasse a sua experiência no desenvolvimento de produtos inovadores com a demanda de mercado evidenciada pelo êxito da Napster. Foi assim que, em outubro de 2001, a Apple ingressou no segmento de dispositivos eletrônicos de consumo e lança o iPod.

O projeto permitiu que usuários armazenassem e reproduzissem grandes quantidades de música em um dispositivo portátil e fácil de usar, que cabia na palma da mão.

A inovação, no entanto, transcendia o aparelho revolucionário. Para viabilizar que os clientes baixassem suas músicas individualmente, a Apple viabilizou um modelo econômico no qual o cliente pagava um valor acessível para cada música que desejasse baixar em seu dispositivo, e parte desse montante era destinado aos detentores dos direitos autorais da obra comercializada.

Tendo em vista a experiência da Napster, a Apple estruturou um inovador modelo de negócios para viabilizar os JTBD de seus clientes ao mesmo tempo que contemplou os agentes fundamentais do ecossistema, que são essenciais para prover a experiência desejada.

Quando de seu lançamento, o iPod foi um típico Motor 2 de crescimento da Apple, já que a empresa estava praticamente toda ancorada no segmento de venda de computadores.

No seu lançamento, como é típico de uma inovação presente no H2 ou H3, suas vendas iniciais não foram impressionantes. Foram comercializadas cerca de 125 mil unidades do produto no final de 2001, recebendo elogios a respeito do design e da interface de usuário e críticas questionando o preço alto, a compatibilidade exclusiva com computadores Apple, e as dificuldades técnicas para baixar as músicas.

Tendo em vista os feedbacks, em 2002 a Apple lançou uma versão do iPod compatível com o sistema operacional Windows e, em 2003, desenvolveu um modo para diminuir a fricção e o desafio de usabilidade existente para baixar uma música digital nos computadores, lançando a iTunes Store. A partir disso, bastava conectar-se à plataforma pela internet e selecionar a faixa desejada para aquisição, sem a necessidade de nenhum outro sistema de suporte. Com isso, além de aprimorar a experiência do cliente, a empresa resolveu um dos principais problemas da indústria na época: a pirataria.

O resultado foi avassalador e representou o passo inicial para a recuperação da empresa. Em 2008, o ano de maior sucesso do iPod, a receita do produto foi de mais de 9 bilhões de dólares, o que representou aproximadamente 28% da receita total da Apple naquele ano.[33] Quando foi lançado, em 2001, a receita da empresa era de 5,4 bilhões de dólares. No momento em que foi descontinuado, em 2017, esse montante era de 229 bilhões de dólares. Nesse período, foram vendidos mais de 400 milhões de unidades do equipamento, que, no auge de sua popularidade, detinham mais de 70% do mercado de *players* de música portáteis no mundo.

O iPod também teve um impacto significativo na indústria da música, ajudando a popularizar o formato digital e contribuindo para o declínio das vendas de CDs. Além disso, o sucesso do aparelho abriu caminho para outros produtos icônicos da Apple, com destaque para o iPhone, que viria a se consolidar como o responsável por levar a empresa ao posto de organização mais valiosa do mundo.

O entendimento dos JTBD de seus clientes, que norteou o desenvolvimento de uma nova cultura e sistemas de gestão que se expressaram em uma oferta de valor única, levaram a Apple de uma incógnita a uma das mais prósperas companhias da história empresarial.

É incrível perceber que essa evolução começa na indústria fonográfica e passa pela influência de uma startup, o Napster, que teve aproximadamente dois anos de existência. Aliás, esse mesmo movimento deu origem a outro fenômeno da nova economia que

---

33 MACCARINI, J. Apple apresenta o trimestre mais lucrativo da história; vendas e ações batem recorde. **Tecnoblog**, 2010. Disponível em: https://tecnoblog.net/arquivo/7523/apple-apresenta-o-trimestre-mais-lucrativo-da-historia-vendas-e-acoes-batem-recorde/. Acesso em: 22 mar. 2024.

são as plataformas de streaming de áudio, com destaque ao Spotify. Observe o potencial da revolução dos JTBD não apenas em um negócio, mas em setores inteiros da economia, como é o caso da indústria da música.

Uma dimensão dos JTBD presente nessa jornada merece uma análise particular. Trata-se de entender que a eliminação da fricção no relacionamento com o cliente é um dos pilares dessa estrutura, facilitando ao máximo sua experiência com o produto ou serviço adquirido. Essa característica originou os "JTBD negativos", uma estrutura prática que nos auxiliará a entender como viabilizar inovações transformadoras.

2.3 JTBD NEGATIVOS

Um conceito central na visão dos JTBD é a possibilidade de incrementar a experiência do cliente eliminando o atrito dele com o produto ou serviço. Observe como essa estratégia foi central para o sucesso do iPod. À medida que a Apple lança a iTunes Store, diminuindo a fricção existente para baixar as músicas, e amplia a compatibilidade do serviço para outros sistemas operacionais, as vendas são impulsionadas, atraindo maior interesse do cliente, pois os benefícios daquela inovação são percebidos de maneira mais tangível.

Essa mesma estratégia também faz parte do êxito de referências citadas anteriormente – a diminuição do atrito em procurar um automóvel para se locomover, em buscar uma música para ouvir (que também está presente nos streamings de áudio) ou no modo de captar clientes para o negócio.

Diminuir o atrito no relacionamento com o cliente e gerar uma interação que seja a mais natural possível é uma dimensão central a ser buscada pelas organizações. O termo JTBD negativos está inserido nesse contexto e pode ser entendido como os trabalhos que os clientes não querem ou não precisam fazer ao usar um produto ou serviço, mas são forçados a realizar devido a limitações ou falhas no design do produto.

Se um cliente está usando um aplicativo de entrega de alimentação e necessita passar por muitos passos desnecessários para fazer um pedido, esses podem ser considerados JTBD negativos, pois são tarefas que o cliente não deseja realizar, mas é forçado a fazer devido a uma experiência de usuário ruim.

Uma empresa protagonista da nova economia que entendeu esse conceito como poucas e tornou-se uma das principais referências na eliminação de fricções no relacionamento com os clientes é a Netflix.

Desde a sua fundação, em 1997, quando operava como um serviço de aluguel de DVDs pelo correio, permitindo que os clientes alugassem e recebessem os filmes em seus lares sem a necessidade de se locomover para um ponto físico ou pagar taxas pelo atraso na sua devolução, a empresa, fundada por Reed Hastings e Marc Randolph, já trazia em seu DNA e cultura a essência de prover uma experiência superior ao cliente eliminando os atritos na sua jornada.

Essa estratégia se evidencia de maneira inequívoca quando, em 2007, a empresa estrutura sua plataforma própria de streaming de vídeo e leva ao extremo a orientação em eliminar fricções e criar uma experiência de usuário suave e agradável. Alguns exemplos aparentemente triviais, já que estão tão integrados à experiência de uso do cliente que são quase que imperceptíveis, demonstram os efeitos dessa estratégia.

- A interface da plataforma é fácil de navegar, com um design simples e limpo que facilita encontrar o filme desejado. Mesmo com a explosão de plataformas concorrentes, a dessa empresa provê ao cliente uma experiência de uso superior.

- O botão de reprodução automática e continuação da visualização, introduzido de modo pioneiro pela empresa em sua plataforma, facilita a retomada de onde o cliente parou de assistir a um programa ou filme, mesmo que em outro dispositivo. Além disso, a reprodução automática ajuda a criar uma experiência de visualização contínua.

- Por meio do download para visualização off-line é possível que o cliente baixe programas e filmes para visualização, mesmo quando não está conectado à internet.

- A Netflix utiliza algoritmos de aprendizado de máquina para analisar o comportamento de visualização dos usuários e faz recomendações personalizadas de programas e filmes de que eles podem gostar, facilitando o processo de escolha, já que seu catálogo conta com mais de 5.200 títulos disponíveis no Brasil.[34]

---

[34] ANCINE. **Panorama do mercado de vídeo por demanda no Brasil**, 2022. Disponível em: https://www.gov.br/ancine/pt-br/oca/publicacoes/arquivos.pdf/informe-vod-pos-revisao-28-fev-2023.pdf. Acesso em: 15 jan. 2024.

Note como pequenas funcionalidades, estruturadas dentro de uma plataforma existente, são desenvolvidas de maneira contínua e ininterrupta, resultando em uma experiência superior do cliente, e, como consequência, geram uma vantagem competitiva importante em relação às opções concorrentes.

A estrutura dos JTBD negativos pode, também, inspirar o desenvolvimento de inovações mais amplas, que vão além do desenvolvimento de novas funcionalidades no design do produto ou do serviço.

Um dos segmentos tradicionais que mais têm passado por transformações no Brasil e no mundo traz inúmeras referências sobre o tema.

Em uma era na qual a internet não passava de um sonho, a única maneira que os indivíduos tinham de interagir com as instituições financeiras das quais eram clientes ocorria por meio da presença física em seus estabelecimentos. É por isso que o Brasil foi inundado por dezenas de milhares de agências bancárias que emergiram pelos quatro cantos do país.

Pressionados pelos desafios de segurança, as empresas do setor desenvolveram estruturas repletas de atritos: catracas de acesso mecanizadas, profissionais de segurança armados, necessidade de revistas pessoais em situações específicas e assim por diante. Não raras vezes, essa saga resultava em conflitos com os clientes, desconfortáveis com o excesso de vigilância nas agências bancárias, pois havia a percepção de que eram tratados como bandidos tal a quantidade de supervisão demandada nesse contato.

Além disso, devido ao crescimento da presença do sistema bancário no país, a estrutura de atendimento era insuficiente para dar conta de toda a demanda nas agências e, irremediavelmente, o cliente se deparava com filas quilométricas para realizar procedimentos simples como pagamento de contas, realização de depósitos, transferências e assim por diante.

Com a evolução tecnológica, os bancos tradicionais automatizaram boa parte de suas operações, porém a interação no ponto de contato com o cliente não mudou de perfil. A visita a esses espaços diminuiu drasticamente, porém, quando necessária, em geral continua sendo uma experiência desagradável.

Na primeira década dos anos 2000, com a consolidação da internet, surgem os bancos digitais, que conseguem prover uma experiência superior utilizando a tecnologia para extrair boa parte das fricções no atendimento das demandas dos clientes. Essas empresas optaram por uma estratégia que preteria os pontos de contato presencial e estruturava suas operações sem contar com as tradicionais agências bancárias.

A despeito das desconfianças iniciais, a evolução do negócio se mostrou bem-sucedida e deu origem a novas organizações com destaque, no Brasil, para Nubank, C6 Bank, Banco Inter, entre outras com perfil similar.

Contudo, as agências bancárias, mesmo com toda essa evolução, continuam tendo um papel relevante para as empresas tradicionais, já que representam uma oportunidade de interação física com os clientes, o que pode constituir um diferencial competitivo. Embora seja perceptível a evolução desses pontos, com experimentos diversos realizados por algumas organizações do setor, ainda não há referências de uma estratégia massificada, orientada à construção de uma nova lógica no relacionamento com os clientes a partir da eliminação das fricções que proporcione uma experiência superior em suas interações presenciais. Apesar da modernização do setor, invariavelmente a cena corporativa continua testemunhando agências bancárias com suas catracas, seguranças armados e similares.

Nos Estados Unidos, uma organização tradicional do segmento financeiro introduziu um modelo que pode indicar novos caminhos para o negócio bancário a partir do entendimento dos JTBD negativos.

A Capital One é uma empresa de serviços financeiros com sede em McLean, Virginia, Estados Unidos. Fundada em 1994, ela se tornou uma das maiores instituições financeiras do país e é conhecida principalmente por seus produtos de cartão de crédito (a empresa é uma das maiores emissoras no território estadunidense), bem como por seus serviços bancários e de empréstimos.

Como parte da estratégia para expandir sua presença no setor de serviços bancários de varejo e fortalecer sua plataforma de banco on-line, a Capital One adquiriu, por aproximadamente 9 bilhões de dólares, em 2011, a unidade de negócios de banco on-line ING Direct USA, do ING Group, uma instituição financeira holandesa. Com esse movimento, a empresa se tornou um dos maiores bancos dos Estados Unidos em termos de ativos e depósitos.

O ING Direct é reconhecido como um dos primeiros bancos digitais do mundo (iniciou sua operação em 1997, no Canadá) e sua origem já remonta aos JTBD, pois um dos pilares de sua fundação foi atender à demanda dos filhos dos correntistas do ING que não tinham opções para investir suas economias (o banco foi criado para substituir os tradicionais "cofrinhos" físicos).

Após a aquisição, a Capital One integrou a ING Direct USA em suas operações e concentrou seus esforços on-line sob a marca Capital One 360, o banco digital da organização.

Estendendo os limites da experiência do cliente no ambiente virtual, a organização implantou uma estratégia que visa prover um novo modo de interação física com seus clientes ao introduzir a iniciativa inovadora chamada "Capital One Café". São espaços físicos que combinam serviços bancários tradicionais com um ambiente descontraído de cafeteria, visando oferecer uma experiência mais amigável e convidativa aos clientes.

Em vez das tradicionais catracas, seguranças armados e revistas, o cliente tem acesso a um espaço semelhante a uma cafeteria moderna, com wi-fi gratuito, espaços de trabalho e, é claro, café. A ideia foi eliminar todas as fricções existentes na interação com o ponto físico ao criar um ambiente no qual as pessoas possam se sentir à vontade para explorar produtos e serviços financeiros, aprender sobre finanças pessoais ou simplesmente relaxar com uma xícara de café.

Atualmente, já existem mais de trinta "Capital One Cafés" nos Estados Unidos, e um plano de expansão orientado a estruturar esse modelo nos locais em que houver uma maior concentração de clientes da marca.

Essa referência é valiosa, pois a eliminação dos JTBD negativos fundamenta uma estratégia ainda mais abrangente da organização. À medida que mais negócios financeiros são conduzidos on-line, as pessoas precisam de uma referência que as auxilie a ancorar sua conexão com a instituição. Como existem desafios importantes para aprofundar o envolvimento com o cliente em suas interações com o ambiente virtual, a Capital One entendeu a relevância de desenvolver uma estrutura que gere um maior engajamento desses agentes com o negócio. Percebendo que interações presenciais potencializam a chance de incrementar essas conexões, foi desenvolvido esse modelo inovador que visa prover uma experiência de uso superior às existentes, eliminando fricções e atritos do processo.

Observe como novas perspectivas emergem para empresas com operações 100% on-line a partir do entendimento dos JTBD do cliente e de como podem prover uma nova jornada em sua interação, de natureza virtual ou não.

Mais do que uma iniciativa tática orientada a um propósito específico, os JTBD influenciam decisivamente a estratégia da organização e têm o potencial de redefinir seu foco, abrindo espaço para a estruturação de potentes Motores 2 de crescimento, novos fluxos de geração de receita e fidelização de clientes.

Uma boa referência dessa influência vem do Oriente e foi responsável pela formação de uma das maiores empresas da atualidade – o Alibaba.

2.4 OS JTBD COMO ALAVANCA DA EXPANSÃO DAS EMPRESAS

O Alibaba Group foi uma das primeiras empresas chinesas estruturadas como consequência do surgimento e da consolidação da internet globalmente. Fundada em 1999 por Jack Ma e um grupo de dezessete amigos em Hangzhou, China, sua orientação inicial foi a criação de uma plataforma que facilitasse o comércio eletrônico entre empresas chinesas e compradores internacionais.

O nome Alibaba foi escolhido em referência ao conto "Ali Baba e os 40 ladrões", no qual o personagem "abre portas para tesouros escondidos", simbolizando a missão do grupo de proporcionar oportunidades de negócios para pequenas e médias empresas.

Inicialmente, o Alibaba Group focou no desenvolvimento do Alibaba.com, um marketplace *business to business* (B2B) que conectava os fabricantes chineses com os compradores internacionais. A plataforma rapidamente ganhou popularidade e atraiu milhões de usuários em todo o mundo.

Entendendo que, além de empresas, possuía um universo expressivo de indivíduos como potenciais clientes, a organização expandiu suas operações para o mercado *business to consumer* (B2C) com o lançamento do Taobao, um marketplace que conecta compradores e vendedores na China.

Essa iniciativa foi apenas a ponta de lança de uma estratégia de expansão frenética do grupo, principalmente orientada à criação de um ecossistema integrado de produtos e serviços que atendessem às necessidades dos consumidores em diferentes áreas de suas vidas.

A partir do entendimento dos JTBD de seus clientes, a empresa estruturou negócios diversificados em diversas frentes, conforme listamos a seguir.

- **Ant Group:** afiliada do Alibaba Group, a Ant Group é uma empresa de tecnologia financeira que opera a Alipay, uma das maiores plataformas de pagamento digital do mundo (em 2022, a empresa sofreu interferência do governo chinês e começou a operar de modo independente, mas, até 2023, era uma afiliada do Alibaba).

- **Tmall:** outro marketplace on-line, semelhante ao Taobao, mas focado em marcas e varejistas maiores.

- **Cainiao:** empresa de logística que trabalha com uma rede de parceiros para oferecer serviços de entrega aos clientes do Alibaba Group.

- **Lazada:** marketplace on-line com presença em vários países do Sudeste Asiático.

- **AliExpress:** marketplace internacional do grupo, que oferece uma ampla gama de produtos para clientes no mundo todo.

Indo além de seu core business orientado ao varejo, a ambição do Alibaba é de expandir sua operação a partir das demandas gerais de seus clientes, e não a partir de qualquer atributo de sua operação. É por essa razão que a companhia não se define como uma plataforma de e-commerce, e sim como uma empresa global de tecnologia. Essa estratégia se expressa em frentes que não estão diretamente relacionadas a comércio em segmentos tão distintos como saúde, entretenimento, mobilidade e alimentação, entre outros.

Em saúde, a empresa é detentora do AliHealth, que opera uma plataforma on-line oferecendo serviços como consultas médicas pela internet, venda de medicamentos e produtos para a saúde, e gerenciamento de informações de saúde. Além disso, o grupo já investiu em outras empresas de tecnologia de saúde, incluindo startups que focam inteligência artificial e em outras tecnologias inovadoras para a área da saúde.

Em entretenimento, o Alibaba Pictures Group é a unidade de negócios do grupo que investe em produção de filmes para o cinema, televisão e outros conteúdos. Também é proprietária do Youku, um dos principais serviços de streaming de vídeo na China e que oferece uma ampla variedade de conteúdo, incluindo filmes, programas de televisão e produções originais.

Na frente de mobilidade, o Alibaba Group investe em diversas empresas – com destaque à sua participação na DiDi Chuxing, maior plataforma de transporte por aplicativo da China – e é proprietário da AutoNavi, que oferece serviços de mapas e navegação, além de se envolver em outras iniciativas relacionadas a veículos autônomos e mobilidade inteligente.

Em serviços de alimentação, como restaurantes ou delivery de comida, tem participação no Ele.me, uma das maiores plataformas de entrega de comida na China.

Esses são apenas alguns exemplos dos investimentos e unidades de negócios do Alibaba. A estratégia de construir seu ecossistema é tão abrangente que, por vezes, parece não privilegiar um foco em suas estratégias.

Ledo engano. Existe um fundamento central que se constitui como o principal orientador da estratégia da organização – os JTBD de seus milhões de clientes. É a partir deles que a empresa desenvolve ou adquire negócios que visam oferecer soluções para ajudar esses clientes a realizarem os trabalhos de que necessitam em seu cotidiano. Ao oferecer soluções integradas que abordam várias demandas, o Alibaba não fica circunscrito ao segmento de varejo. Ele cria um ecossistema que captura mais valor ao longo da jornada do cliente, estruturando um modelo de negócios virtuoso e difícil de ser copiado.

INÚMEROS MOTORES 2 DE CRESCIMENTO EMERGEM COM FREQUÊNCIA, E AQUELES QUE AMADURECEM SE CONSOLIDAM CONSTITUINDO FONTES MADURAS DE GERAÇÃO DE RECEITA.

Em 2014, o Alibaba realizou uma das maiores ofertas públicas iniciais (IPO) da história, arrecadando 25 bilhões de dólares, e estabelecendo-se como uma das maiores empresas de tecnologia do mundo, com um valor de mercado de 231 bilhões de dólares. Em abril de 2023, o valor de mercado do Alibaba Grup estava em torno de 300 bilhões de dólares.

A influência dos JTBD na estratégia de uma organização, quando bem executados como demonstramos anteriormente, tem um potencial explosivo. Considerando sua centralidade para conceber e viabilizar a inovação, os JTBD representam a essência do desenvolvimento de Motores 2 de crescimento.

Tendo em vista que alcançamos o entendimento das condições externas para viabilizar essa estrutura e seu pilar fundamental, estamos preparados para nos aprofundar e trazer referências funcionais de como pôr em prática esse motor de crescimento. No próximo capítulo, você conhecerá as alavancas-chave de sucesso para implantação de Motores 2.

03.
AS ALAVANCAS-CHAVE PARA IMPLANTAR MOTORES 2 DE CRESCIMENTO

Vamos construindo, de maneira gradativa e crescente, todas as peças de nossa jornada. A partir do entendimento da relevância da estruturação de Motores 2 de crescimento, as organizações necessitam equilibrar sua orientação estratégica para estruturar novos fluxos de receitas e inovações ao mesmo tempo que mantêm a blindagem do negócio principal em um ambiente que passa por rápidas e profundas transformações.

Essa estruturação, no entanto, não pode ser encarada como um fim em si mesma. Ela representa a oportunidade de a empresa viabilizar um modelo organizacional que permita a garantia da maior eficiência operacional e a maximização de seus recursos ao mesmo tempo que torna possível o desenvolvimento de novos negócios e estruturas inovadoras. É a harmonia entre o Motor 1, representado pelo negócio atual, com os Motores 2 de crescimento, que representam a expressão dessas novas perspectivas e projetos.

Recuperando uma visão que exploramos anteriormente, essa estrutura permite incrementar o poder de adaptação da empresa ao novo contexto organizacional, ao mesmo tempo que faz os alinhamentos necessários para a manutenção do negócio atual. É a ambidestria organizacional traduzida em uma estrutura formal.

Na obra *Liderança disruptiva*, recorremos à metáfora proveniente de uma entrevista que realizamos com Alex Osterwalder, pensador que desenvolveu o consagrado conceito e design do

Business Model Canvas. De acordo com sua visão, toda organização deveria se posicionar como um fundo de *venture capital*.

Por definição, esses fundos são veículos de investimentos dedicados ao fomento de negócios e empreendedorismo de alto risco, alto retorno e potencial de crescimento. Esses modelos se consolidaram fortemente nos últimos anos, já que encontraram nas startups o terreno fértil para validar suas teses de multiplicação de capital.

Essa metáfora é utilizada para defender a tese de que toda empresa deveria diversificar seu portfólio mantendo em sua carteira ações mais estáveis (o negócio atual ou seu Motor 1 de crescimento) ao mesmo tempo que investe em novas frentes não mapeadas de alto potencial e alto risco (frentes e negócios inovadores ou seu Motor 2 de crescimento).

Algumas iniciativas inovadoras não resultarão em sucesso. Por outro lado, as que forem exitosas, devido a seu alto poder de alavancagem, compensarão todo o investimento realizado.

O Motor 2, sob essa perspectiva, é um dos veículos principais na viabilização da sustentabilidade futura da organização na medida em que estabelece as bases para novas possibilidades de negócios mais adaptados à nova dinâmica empresarial.

Desde sua primeira citação, em 2012, pela Bain & Company, até sua popularização, por volta de 2018, quando publicamos o conceito no livro *Gestão do amanhã* no Brasil, diversos estudos e referências práticas emergiram visando aprimorar o conhecimento sobre o tema. Essa evolução é fundamental, pois nos permite executar o modelo, replicando essa perspectiva em novos negócios e projetos.

O artigo supracitado "The Engine 2 Imperative: New Business Innovation And Profitable Growth Under Turbulence", de Chris Zook, James Allen e Dunigan O'Keeffe, está nesse contexto ao trazer a evolução da definição do Motor 2 como "a criação de novos negócios, construídos dentro de uma empresa, que utilizam os benefícios de escala existentes", ou seja, os ativos e as capacidades do negócio principal (Motor 1), para crescer com vigor, mais rapidamente do que uma startup.

Essa definição nos traz uma dimensão fundamental para implementar o conceito na prática: o Motor 2 se alavanca a partir das fortalezas do Motor 1. A despeito de sua aparente obviedade, temos testemunhado que, na prática, as organizações buscam viabilizar a inovação em seu negócio não obedecendo essa regra.

Estimulados por oportunidades mapeadas a partir de demandas de mercados e clientes, muitas organizações "se esquecem" de avaliar quais são as capacidades necessárias para viabilizar aquela inovação com excelência. E mais, sem avaliar se a empresa possui essas capacidades ou tem condições de desenvolvê-las para ser competitiva.

Como consequência, não raras vezes testemunhamos iniciativas distantes do core business da empresa (indo além de suas adjacências), nas quais os novos projetos recebem investimentos sem que haja um profundo entendimento dos mecanismos daquele segmento, de suas peculiaridades e de como a organização consegue promover aquela ação inovadora de modo superior às opções concorrentes.

Pesquisas realizadas pelos autores do artigo mostram que motores 2 de sucesso utilizam, de novas maneiras, os ativos e as capacidades do negócio principal e têm como orientação o objetivo de crescer rápida e vigorosamente.

Expandindo um pouco mais o alcance do conceito original, o Motor 2 é definido como um negócio novo e estrategicamente importante que começou internamente (de modo orgânico ou por meio de aquisição), que tem aspiração de crescimento ilimitado em torno de uma ousada missão revolucionária, distante do núcleo central da organização, e com capacidade de extrapolar suas fronteiras de negócios original.

Como se trata da inserção de um novo mecanismo em um sistema organizacional já existente, é natural que surjam forças internas resistentes a essa incorporação. A falta de entendimento desse movimento de oposição espontâneo e, na maioria das vezes, silencioso, resulta na carência do desenvolvimento de uma estratégia que incentive sua introdução e consolidação dentro do sistema de gestão da empresa. A organização e seus líderes devem ir além dos discursos politicamente corretos e aceitos pela grande massa e entender que, como toda mudança, essa também não representa um movimento simples e trivial. Essa lógica é irremediável no ambiente corporativo, que sempre privilegiou os mecanismos de comando e controle com a "busca da estabilidade" como um mantra para as empresas tradicionais.

A organização deve se dedicar a construir iniciativas que contemplem a capacitação e o engajamento de todos os colaboradores quanto ao valor da estratégia de estruturação de Motores 2 de crescimento para a sustentabilidade futura do negócio e para o desenvolvimento de cada indivíduo. Esse modelo tende a fomentar o empreendedorismo dentro da organização na medida em que tem o potencial de mimetizar a energia de uma startup internamente, ao mesmo tempo que a empresa usufrui de todos os benefícios de escala existentes para prosseguir em suas aspirações de crescimento. A possibilidade de construir Motores 2 de crescimento traz também uma nova dimensão para a expansão da organização e crescimento para todos os seus colaboradores.

O psicólogo Daniel Kahneman, renomado professor da Princeton University e Prêmio Nobel de Economia, demonstrou em seus estudos uma tese central que tem correlação direta com essa dinâmica: as pessoas, de modo geral, não temem a mudança. O que tememos é a perda. Segundo esses estudos, o medo de perder tem o dobro de força psicológica da esperança de ganhar.[35]

O QUE TEMEM É A PERDA.

A transformação da organização em uma estrutura ambidestra não deve despertar o medo da perda de controle sobre as operações como consequência das mudanças. Ou, ainda, a perda das expertises ou da maneira de trabalhar. Essa percepção deve ser substituída pela motivação e excitação pelo desenvolvimento de novas estruturas que serão responsáveis pela prosperidade futura da companhia e de seus colaboradores (não importando em qual dos motores ou função cada indivíduo adota na empresa).

O Motor 2 de crescimento expande o potencial da organização, permitindo que ela extrapole os limites do domínio de sua cadeia de valor e se posicione como protagonista de um ecossistema mais abrangente e amplo, indo além de suas adjacências clássicas.

A Figura 3.1 representa claramente essa dimensão quando define o Motor 2 como responsável por permitir o crescimento rápido de uma organização a partir dos ativos e capacidades do negócio.

No núcleo central (seu core), a empresa conta com clientes, produtos e serviços essenciais que contribuem majoritariamente

---

35 KAHNEMAN, D. **Rápido e devagar**. Rio de Janeiro: Objetiva, 2012.

para seus lucros e crescimento orgânico, ancorando a vantagem competitiva primordial da organização.

Nas adjacências, existem negócios que, embora se distanciem do seu núcleo principal, interagem por meio de clientes, custos, canais, capacidades ou concorrências compartilhadas, expandindo o alcance estratégico da empresa.

O Motor 2 representa um segmento de negócio inovador, estruturado a partir dos ativos e competências do core business, e visa um crescimento exponencial por meio da conquista de liderança econômica, forte presença de mercado e geração de lucros crescentes.

Figura 3.1 O Motor 2 de crescimento expande o potencial da organização[36]

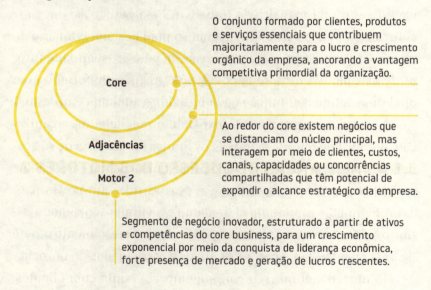

---

36 ZOOK, C.; ALLEN, J.; O'KEEFFE, D. The Engine 2 Imperative: New Business Innovation and Profitable Growth under Turbulence. **Bain & Company**, 17 dez. 2020. Disponível em: https://www.bain.com/insights/engine-2-imperative-new-business-innovation-and-profitable-growth-under-turbulence/. Acesso em: 11 jan. 2024.

94 A estratégia do Motor 2

Na obra *Lucro a partir do core business*,[37] Chris Zook e James Allen demonstram que tanto a necessidade quanto a oportunidade de as empresas explorarem Motores 2 cresceram nos últimos anos. Diferentemente do passado, em que 90% do crescimento das organizações acontecia por meio de iniciativas relacionadas ao seu core, a análise de empresas de crescimento sustentado altamente bem-sucedidas mostra que quase 60% estão obtendo benefícios relevantes derivados de iniciativas de seus Motores 2, aproveitando-se, na maioria dos casos, dos pontos fortes do seu núcleo principal e da escala da empresa. Os autores comentam que, em alguns casos, as grandes empresas estão redescobrindo a arte perdida de construir negócios do fundador, recuperando a pulsão empreendedora que deu origem àquela obra.

Essa nova realidade, que resulta na existência de um universo representativo de iniciativas orientadas à estruturação de Motores 2 de crescimento, já nos permite enunciar quais são as principais alavancas de sucesso para a construção dessas estruturas, um norteador importante para quem almeja desenvolvê-las em seus negócios.

3.1 AS ALAVANCAS DE SUCESSO DOS MOTORES 2

No artigo já citado, "The Engine 2 Imperative", publicado pela Bain & Company, os autores apresentam estudo realizado com cerca de cem empresas, que teve como objetivo central entender quais são os fatores de sucesso e as armadilhas na estruturação de negócios do universo do Motor 2.

---

[37] ZOOK, C.; ALLEN, J. **Lucro a partir do core business**: como retomar o crescimento em tempos incertos chris zook e james allen. Rio de Janeiro: Campus-Elsevier, 2010.

Uma das conclusões mais expressivas é que, em mais de 80% dos casos bem-sucedidos, esse motor de crescimento apresenta alguma conexão importante com o negócio principal. Nos casos estudados, essa relação aconteceu pelo compartilhamento de clientes, capacidades existentes ou canais de distribuição comuns.

Indo mais a fundo nas conclusões da pesquisa, em um terço dos casos, o Motor 2 era um modelo de negócios próximo ao Motor 1 (por vezes até competindo por clientes deste), e em quase metade dos projetos pesquisados, o Motor 2 se concentrava em uma adjacência distante do negócio atual proveniente ou de uma iniciativa viabilizada por mudanças tecnológicas (que permitiram a criação de novas vantagens competitivas) ou por alterações nas fronteiras comerciais tradicionais (tornando essas adjacências mais acessíveis).

Em menos de 20% dos casos de sucesso estudados, os Motores 2 representaram negócios totalmente novos. Mesmo nesses casos, a organização utilizou algum tipo de capacidade já existente para fundamentar a iniciativa inovadora.

Podemos recorrer à visão dos horizontes de inovação, que exploramos no capítulo 1, para estabelecer, com uma visão precisa, a penetração dos projetos pesquisados:

- 32% dos casos de sucesso encontram-se no H1;
- 49% no H2;
- 19% no H3.

A concentração de casos de sucesso que se relacionam com o Motor 1 (81%) demonstra que a construção de novos negócios é o caminho escolhido por empresas que almejam expandir substancialmente seu projeto principal e escolhem partir dos fundamentos de seu núcleo central para desenvolver novas frentes e projetos inovadores.

Fica claro que a possibilidade de construir novos negócios em escala é uma consideração estrategicamente importante para as empresas que têm a aspiração de continuar sendo relevantes no mercado em que atuam.

Essa perspectiva nos traz uma dimensão essencial para o sucesso de Motores 2 de crescimento – é necessário um core business robusto, um Motor 1 potente.

Mesmo considerando que a sustentabilidade futura desse Motor 1 esteja em risco devido a abruptas e velozes mudanças do ambiente, a sustentação para inovar é derivada das potencialidades construídas pela organização ao longo de sua trajetória.

Além disso, não podemos deixar de ter em mente que a estruturação de novos motores de crescimento visa, sobretudo, fortalecer a presença e o projeto principal da organização. Assim, sua existência faz parte de um plano maior de adaptação da empresa ao novo contexto, e não se trata de um fim em si mesma. Os sistemas de inovação e manutenção do negócio atual devem ser interdependentes e visar a um posicionamento mais adequado e superior da organização, oferecendo as condições para que ela capture mais valor não apenas de sua cadeia produtiva, mas de todo ecossistema em que opera.

Um robusto Motor 1 é o fundamento e o pressuposto para a construção de Motores 2 de sucesso.

Partindo dessa premissa, evoluímos na identificação de duas alavancas-chave (uma interna e outra externa) nos projetos bem-sucedidos de construção de Motores 2 de crescimento:

O MOTOR 2 DE CRESCIMENTO EXPANDE O POTENCIAL DA ORGANIZAÇÃO, PERMITINDO QUE ELA EXTRAPOLE OS LIMITES DO DOMÍNIO DE SUA CADEIA DE VALOR.

@SANDROMAGALDI
@JOSESALIBINETO

a) Alavanca interna
- Acesso a uma ou mais capacidades-chave do Motor 1 que permite ao negócio do Motor 2 aproveitar as vantagens de escala da controladora para crescer.
- Capacidade de criar condições empreendedoras dentro da corporação, com uma cultura e um modelo operacional distintos para o negócio do Motor 2.

b) Alavanca externa
- Identificação da demanda de algum agente do ecossistema que pode ser atendida de maneira superior.
- Mercado atraente devido ao seu tamanho atual ou potencial derivado das tendências do comportamento do cliente.

Essas duas alavancas são interdependentes e não existe nenhuma hierarquia entre elas. Ambas são fundamentais para o êxito de qualquer inovação e devem ser tratadas de modo equilibrado e integrado.

Vale, no entanto, uma análise particular de cada sistema para uma interpretação mais profunda de sua aplicação. Vamos começar analisando a alavanca interna, que representa um olhar para dentro do negócio.

3.1.1 Alavanca interna: capacidades, cultura e modelo operacional

Motores 2 que têm obtido êxito tendem a estar fundamentados nos ativos principais da organização e são fruto da visão de ecossistema, já que respondem à indagação de como esses novos projetos podem mudar os limites de um negócio, sua base para a diferenciação e o perfil da geração de seus lucros. Via de regra, essas iniciativas têm como principal motivação a possibilidade de aumentar o potencial de captura de valor da organização, expandindo seu projeto para todo ecossistema em que atua.

O ponto de partida para o desenvolvimento dessa alavanca acontece a partir da análise das capacidades centrais da empresa, visando identificar quais delas representam potencial de vantagem competitiva na estruturação de um projeto inovador.

Definimos as capacidades de uma organização como o conjunto de competências, processos, tecnologias, conhecimentos e ativos que ela possui e que lhe permitem criar valor a seus clientes, diferenciando-se da concorrência. Essas capacidades representam o fundamento para que a empresa alcance seus objetivos estratégicos e obtenha vantagem competitiva no mercado.

Não são raras as situações nas quais as análises das capacidades de uma organização ficam circunscritas às suas competências. Essa instância é fundamental e está presente em praticamente todas as reflexões dessa natureza, porém é necessário ir além dessa visão e expandir a leitura para todo o sistema. Os elementos podem ser melhor entendidos por meio das definições a seguir.

- **Competências essenciais** – habilidades e conhecimentos específicos que distinguem a organização de seus concorrentes e lhe proporcionam uma vantagem competitiva. Exemplos incluem a capacidade de inovação, a expertise técnica e a qualidade do atendimento ao cliente.

- **Ativos** – recursos tangíveis e intangíveis que a organização possui e que são fundamentais para o desenvolvimento de suas atividades. Isso inclui instalações, equipamentos, tecnologia, propriedade intelectual, marca e capital humano.

- **Processos** – métodos e procedimentos que a organização utiliza para desenvolver suas atividades e entregar valor para seus clientes. Exemplos incluem processos de produção, logística, vendas e atendimento ao cliente.

- **Propriedades** – bens imóveis que a organização possui, como edifícios, terrenos e instalações.

- **Tecnologia** – ferramentas, sistemas e conhecimentos técnicos que a organização utiliza para desenvolver suas atividades.

O diferencial de uma organização se dá pela combinação única desses elementos, o que lhe permite criar valor de maneira mais eficiente e eficaz do que seus concorrentes.

Vamos analisar a aplicação dessa tese em uma das referências que apresentamos no capítulo 1, quando exploramos os motores de crescimento da Ambev.

O projeto BEES, presente no horizonte 2 de inovação (H2), plataforma de e-commerce *business to business* (B2B), está fundamentado, justamente, em algumas capacidades organizacionais maduras da empresa com destaque a duas.

- **Força de vendas** já existente, com equipe capacitada e capilaridade de atendimento em todo o país. Essa capacidade tanto é uma competência essencial quanto um ativo.

- **Capacidade logística** de atendimento com regularidade e frequência a mais de um milhão de pontos de vendas espalhados por todo o Brasil. Essa capacidade pode ser encarada como um ativo e também como um processo já existente na organização.

Observe que foi a partir dessas capacidades organizacionais que a Ambev identificou a oportunidade de desenvolver um modelo de negócios inovador que lhe permite capturar mais valor em seu ecossistema, inserindo novos agentes no projeto – as empresas fornecedoras de outros tipos de produtos –, indo além do negócio tradicional de bebidas.

Importante evidenciar que, para a viabilização de projetos inovadores com essas características, será necessário o desenvolvimento de capacidades complementares inexistentes na empresa. A Ambev teve de desenvolver, entre outras, a competência de relacionamento com outras empresas em uma relação comercial que não estava consolidada na organização.

CAPACIDADES EXISTENTES LASTREIAM OS FUNDAMENTOS DO PROJETO, PORÉM É NECESSÁRIO EXPANDIR ESSA REFLEXÃO POR MEIO DO MAPEAMENTO DE QUAIS LACUNAS DEVEM SER SUPRIDAS PARA OBTER ÊXITO NO NOVO PROJETO.

A identificação e exploração desses atributos é elemento essencial para o sucesso na estruturação de Motores 2 de crescimento, porém essa alavanca necessita de um complemento fundamental para que atinja todo seu potencial.

Nossos estudos demonstram uma dimensão que faz parte do mesmo contexto interno da organização e que tem a mesma relevância. Para que uma empresa atinja êxito em viabilizar a inovação do seu negócio, é necessária a existência de uma arquitetura que promova a mobilização de todo o seu sistema organizacional em prol da execução disciplinada do projeto.

Essa arquitetura se traduz na criação de condições, dentro da empresa, para um ambiente que fomente a inovação e o empreendedorismo, atributos essenciais para a implantação de motores de crescimento.

Esse ambiente requer uma cultura corporativa que valorize e recompense o pensamento inovador e a disposição para assumir riscos calculados. Enquanto o Motor 2 requer um comportamento que incentive a experimentação e a aprendizagem rápida, o Motor 1 está fundamentado na valorização de processos estabelecidos e na busca pela eficiência operacional ao extremo.

Cultura organizacional é um tema que temos explorado em profundidade desde 2018, quando o identificamos como o sistema mais crítico no processo de transformação e adaptação das organizações ao novo ambiente de negócios. Retomaremos o tema mais adiante, porém, se você deseja aprofundar seus conhecimentos a respeito desse sistema, recomendamos que consulte a obra *O novo código da cultura*. Por enquanto, reiteremos a relevância de uma cultura que fomente o pensamento inovador e tudo o que ele representa como um dos elementos fundamentais na estruturação de Motores 2 de crescimento.

A cultura organizacional de uma empresa atua de modo interdependente de seu sistema operacional. São dois componentes de um mesmo sistema de gestão responsável por padronizar os métodos de trabalho dentro de uma organização. Essa lógica se expressa de maneira inequívoca nos modelos de sucesso estudados que organizam seus Motores 2 sob um conjunto de processos e sistemas distintos do negócio usual.

Em geral, esse padrão compreende estruturas de governança mais ágeis, métodos de financiamento mais flexíveis e ciclos de desenvolvimento de produto mais curtos. O objetivo é replicar a velocidade e a agilidade de uma startup, permitindo a rápida interação e evolução de ideias sem as amarras dos processos mais burocráticos que servem ao negócio principal.

Um dos aprendizados mais evidentes na consolidação bem-sucedida de projetos com essas características é que a estrutura destinada à execução do Motor 2 deve ser gerenciada de maneira autônoma ao negócio central da organização. Nesse ponto, existe um desafio importante: as iniciativas orientadas à inovação devem estar afastadas do Motor 1 da empresa. No entanto, esse distanciamento não pode ser tão extremo, já que o novo projeto será nutrido pelas capacidades e aprendizados já existentes. Além disso, um dos principais objetivos de iniciativas inovadoras é transformar o projeto original da companhia, portanto um afastamento excessivo não contribui para esse processo.

Durante a produção da obra *Liderança disruptiva*, entrevistamos diversos experts e líderes empresariais de todo o mundo para colher suas visões sobre os principais desafios da liderança em um ambiente em transformação. Entre nossos entrevistados, tivemos Pedro Bueno, um dos principais acionistas do Grupo DASA, empresa que pertence ao grupo das maiores organizações de medicina diagnóstica da América Latina.

Bueno foi CEO da organização de 2015 a 2024, elevando o faturamento da empresa do patamar de 3 bilhões de reais a 14 bilhões de reais (dados de 2022). Entusiasta da relevância da inovação para o crescimento do negócio, instituiu, nesse período, diversas iniciativas nessa área tanto no desenvolvimento de novas possibilidades para transformação do negócio central quanto na construção de novos projetos (nessa frente, também constituiu um fundo de investimentos, independente da organização, que investe em startups e projetos relacionados à saúde).

Ao longo dos anos, o DASA desenvolveu parcerias com diversos agentes do ecossistema de inovação, como o projeto no qual participou com o CUBO – um dos mais relevantes hubs de inovação da América Latina –, patrocinando, durante anos, todas as ações de saúde desse espaço, e concebeu iniciativas que deram origem a estruturas inovadoras como o Biodesign Lab, laboratório criado em parceria com a Pontifícia Universidade Católica do Rio de Janeiro (PUC-Rio), que tem como principal foco o desenvolvimento de soluções de inteligência artificial que revolucionarão a saúde.

Essa experiência tem gerado aprendizados práticos relevantes. Pedro Bueno, em nossa conversa, compartilhou uma perspectiva que corrobora a visão da autonomia dos motores de crescimento. De acordo com o empreendedor, o DASA tem aprendido que é necessário que as estruturas com o perfil do Motor 2 sejam desenvolvidas distante da rotina do negócio; do contrário, serão absorvidas pelas demandas diárias, recebendo uma influência que gera maior aversão ao risco e tendência de manutenção do *status quo*. O próprio sistema organizacional, muitas vezes de modo velado, sabota as inovações disruptivas.

Bueno, no entanto, deixa claro outro aprendizado prático tão importante quanto o anterior que diz respeito ao design e que fortalece nossa tese a respeito dessa arquitetura: não pode haver uma distância muito grande entre essas duas unidades.

Caso isso ocorra, não haverá o aproveitamento de todos os recursos clássicos da organização construídos ao longo de sua trajetória, como conhecimento, experiência, capital relacional (relacionamentos estabelecidos com os diversos agentes de seu ecossistema), financeiros, entre tantos outros.

Quando não estão conectadas, as unidades atuam como entidades autônomas, e o objetivo central do projeto, que é gerar equilíbrio entre as duas orientações, presente e futuro, dá lugar a uma visão fragmentada e pulverizada.

A construção de um planejamento que integre esses dois sistemas (o estabelecido e o novo) ganha relevância e criticidade maior ao constatarmos que existem diversas estruturas possíveis, como as utilizadas pelo DASA, para viabilizar suas iniciativas orientadas ao Motor 2 de crescimento. Os modelos vão desde o desenvolvimento de equipes autônomas organizadas em prol do projeto de modo independente do negócio central até a estruturação de laboratórios de inovação.

O que observamos é que as organizações mais maduras no processo de viabilização de inovação não se utilizam de apenas um modelo. Elas estruturam diversas modalidades que são gerenciadas em torno de um propósito único relacionado à visão estratégica da companhia. Independentemente dessa escolha, no entanto, é imperativo que essas estruturas sejam autônomas, interdependentes do núcleo central da empresa e estejam conectadas com a sua estratégia. Em isso não ocorrendo, a capacidade de implantação do projeto estará comprometida, já que os esforços se tornam fragmentados e dispersos.

Sintetizando a dimensão das alavancas internas para o sucesso de Motores 2 temos: uma perspectiva orientada à identificação de capacidades-chave da organização de modo a fundamentar a inovação; essa inovação deve evoluir a partir de um modelo operacional que organize seu mecanismo de maneira autônoma e interdependente ao Motor 1; o Motor 1 deve estar permeado por uma cultura que incentive a experimentação e a inovação.

Se essas condições dizem respeito a organização dos recursos internos de uma empresa, existem condições externas que são pré-condições observadas nos modelos mais bem-sucedidos dessas estruturas que têm a mesma relevância e devem ser ponderadas com a mesma profundidade de análise. São as alavancas externas para o sucesso de Motores 2 de crescimento.

3.1.2 Alavancas externas: demandas e potencial de mercado

Em todos os projetos de Motores 2 bem-sucedidos há uma dimensão aparentemente óbvia, mas muitas vezes negligenciada nos sistemas de gestão tradicionais, decorrente de toda lógica clássica que já exploramos anteriormente: os projetos estão fundamentados para gerar uma solução que atenda de maneira superior às demandas existentes de algum agente do mercado.

A mesma lógica que exploramos na introdução, e que deu origem às principais empresas protagonistas da nova economia, emerge com força no desenvolvimento de projetos inovadores que partem da observação atenta do comportamento do cliente para, a partir da identificação de experiências malsucedidas, construir soluções superiores às atuais.

É evidente a correlação dessa lógica com o capítulo 2, no qual enunciamos que o principal fundamento dos Motores 2 de crescimento é a centralidade do cliente e a identificação de seus *jobs to be done* (JTBD). É importante, no entanto, trazer uma dimensão complementar a essa perspectiva ampliando seu alcance.

Correlacionando a visão dos JTBD com a oportunidade de as organizações migrarem sua atuação do controle e domínio da cadeia de valor para o protagonismo em seu ecossistema, temos a expansão dessa alavanca para além da análise das demandas dos clientes da empresa, projetando a mesma lógica para a identificação das necessidades de outros agentes do seu ecossistema.

Essa lógica expansionista representa a oportunidade de capturar mais valor do ambiente em que a empresa habita por meio de uma análise de quais capacidades têm potencial de se transformar em novos projetos para atender às demandas não atendidas de agentes até então distantes de seu negócio central.

Resgatando a referência do projeto BEES, que se tornou a plataforma de e-commerce B2B da Ambev, foi capturado um valor que não estava em seu radar, de um agente que não fazia parte de seu core business: as empresas fornecedoras de outros produtos fora do portfólio da companhia.

Essas organizações têm a demanda comercial de atingir mercados pulverizados, compostos, em sua maioria, por pequenos comércios, e, ao longo do tempo, se dedicaram a desenvolver soluções para esse objetivo. A partir da identificação dessa necessidade dos agentes, a Ambev constituiu um negócio que gera uma solução superior às existentes, já que está fundamentado em um conjunto de capacidades anteriormente desenvolvidas que lhe conferem diferenciação no desenvolvimento do projeto.

Como resultado, o potencial de captura de valor da empresa vai além daqueles derivados das relações transacionais com seus clientes atuais, provenientes das vendas para o varejo, expandindo seus tentáculos para um negócio até então inexistente: as vendas B2B.

Ao migrar sua orientação estratégica para a dimensão do ecossistema, como observamos, a organização expande os limites de sua atuação e, como consequência, tem a oportunidade de identificar demandas não atendidas que vão além de seus clientes ou consumidores finais e podem contemplar parceiros, fornecedores, colaboradores, sociedade e outros stakeholders.

UM FATOR PRIMORDIAL A PONDERAR SOBRE A IMPLANTAÇÃO DESSE MODELO, NO ENTANTO, DIZ RESPEITO AO POTENCIAL DO MERCADO A SER EXPLORADO. ESSE É UM FATOR-CHAVE PARA A DECISÃO DE INVESTIR OU NÃO EM UM NOVO PROJETO.

Os motivos para essa relevância vão desde os mais óbvios, que contemplam a viabilidade comercial para uma nova iniciativa, já que um mercado grande e em expansão indica maior probabilidade de retorno sobre o investimento, até uma dimensão crítica para a estratégia de estruturação de motores de crescimento, que é a geração de projetos que promovam a escalabilidade para o negócio.

A CULTURA ORGANIZACIONAL DE UMA EMPRESA ATUA DE MODO INTERDEPENDENTE DE SEU SISTEMA OPERACIONAL.

@SANDROMAGALDI
@JOSESALIBINETO

Vamos resgatar um dos principais conceitos que estamos trabalhando para a definição de Motores 2, apresentado no início deste capítulo: os novos negócios construídos dentro de uma empresa devem utilizar os **benefícios de escala existentes**, ou seja, os ativos e capacidades do negócio principal (Motor 1) **para crescer com vigor** mais rapidamente do que uma startup.

A dimensão do crescimento escalável é central para permitir que a empresa encontre uma alternativa à expansão de seu negócio tradicional que tende a ser mais orgânica e cadenciada.

Essa dimensão nos traz como pressuposto que Motores 2 devem ser erigidos a partir de mercados amplos, com demandas crescentes, que oferecem potencial significativo para a expansão do projeto. É necessário que exista espaço suficiente para que a iniciativa se desenvolva e cresça com vigor. Do contrário, não compensará todo o esforço dirigido à viabilização do projeto, já que os desafios para sua consolidação são inequívocos e demandam investimentos que vão além do financeiro (como o tempo requerido de colaboradores competentes para sua viabilização).

A visão do potencial de mercado envolve a ponderação sobre um universo amplo que ofereça a base necessária para alcançar uma escala que vá além das bases atuais do negócio central.

Em alguns casos, o mercado endereçável ainda está em evolução, situação muito comum em projetos que envolvem inovações de produtos ou serviços sem paralelos. Quando isso ocorre, é necessário promover uma análise em profundidade de como esse mercado tende a evoluir no médio e longo prazo.

Essa avaliação deve contemplar tendências emergentes do comportamento dos agentes desse mercado e as perspectivas de evolução do ambiente em que estão inseridos. Mais do que uma tese, essa lógica se evidencia em diversas iniciativas inovadoras bem-sucedidas no ambiente empresarial, como quando Jeff Bezos, em 1994, observou que a internet estava crescendo aproximadamente 2.300% ao ano e concluiu que nada que se expande a essa velocidade deixaria de causar impactos profundos na humanidade. Essa visão norteou o lançamento da Amazon. Ou quando Steve Jobs, no início dos anos 2000, vislumbrou que as pessoas privilegiariam o uso de seus aparelhos celulares para navegar na web, e não seus computadores pessoais. Naquela época, estima-se que menos de 20% das pessoas, nos Estados Unidos, utilizavam aparelhos celulares com esse objetivo. Entendendo essa tendência emergente, Jobs idealiza o iPhone, e o resultado avassalador já comentamos por aqui.

Ao desenvolver um Motor 2 de crescimento, é crucial para as empresas não apenas entender o tamanho atual do mercado, mas também avaliar seu potencial futuro, considerando tendências, inovações e mudanças no comportamento do consumidor. No Brasil, há um projeto em fase de desenvolvimento que traduz de claramente todos esses elementos.

Uma das empresas mais inovadoras do país (senão a mais inovadora, de acordo com o indicador utilizado), a Embraer, se notabilizou ao longo dos anos pelo desenvolvimento de produtos que causaram imenso impacto no setor aéreo global, sobretudo na aviação regional.

Ao longo de sua trajetória, a empresa se destacou como uma das líderes mundiais na fabricação de aeronaves, especialmente no segmento de jatos regionais, e foi reconhecida por diversas inovações importantes no setor aeroespacial, como a família de jatos ERJ 145, na década de 1990, que ofereceram uma combinação eficiente de tamanho, alcance e desempenho para seus clientes, ou ainda, com a introdução dos E-Jets, no início dos anos 2000, que representaram um enorme avanço aos clientes devido a sua maior capacidade e alcance, abrindo novas rotas e mercados para companhias aéreas ao redor do mundo.

A despeito dessas conquistas e inúmeras outras inovações concebidas desde a sua fundação, em 1969, que alçaram a organização à vanguarda da indústria aeroespacial global (um caso raríssimo de êxito mundial de companhias brasileiras), a empresa começou a passar por desafios importantes na primeira década dos anos 2000.

A concorrência estava cada vez mais acirrada, e a empresa disputava o mercado com pesos pesados como Airbus e Boeing, que, além de suas fortalezas internas, contavam com apoio econômico de poderosos países europeus como Alemanha, França e Inglaterra (Airbus) e dos Estados Unidos (Boeing), já que essa é uma atividade econômica chave para essas nações.

Como se não bastasse esse desafio, a empresa – e todo o setor –, começou a passar por sérias dificuldades financeiras a partir da crise financeira global de 2008-2009. Esse período foi marcado por uma desaceleração econômica em todo o mundo, afetando diversos setores, incluindo a aviação. Para a Embraer, a crise resultou em uma diminuição na demanda por aeronaves novas, o que impactou negativamente suas vendas e sua situação financeira.

O acirramento da concorrência, combinado com a redução de demanda, fez com que a empresa enfrentasse desafios contínuos nos anos subsequentes, o que incentivou a promoção de discussões estratégicas acerca da sustentabilidade futura do negócio. Inevitavelmente, essa reflexão culminou com a convicção de que era necessário investir em novas tecnologias e aeronaves para conquistar novas oportunidades de crescimento em um mercado global altamente competitivo.

Um dos frutos mais marcantes dessa análise foi o lançamento, em 2017, da EmbraerX, o laboratório de inovação da empresa, fundado com o propósito de desenvolver inovações e soluções disruptivas no setor de transporte aeroviário. Sua missão compreende, entre outras frentes, identificar e viabilizar novos conceitos e modelos de negócios que serão responsáveis por gerar novos fluxos de receitas, fundamentais para a sustentabilidade futura da organização.

Nessa jornada, um dos mercados mapeados mais promissores foi o de mobilidade aérea urbana. Esse mercado é representado pelo deslocamento aéreo em trechos mais curtos, realizado pelo chamado eVTOL (veículo elétrico de decolagem e pouso vertical). Esse veículo se diferencia dos existentes (principalmente, do helicóptero) pela maior facilidade e acessibilidade de uso, além de ter matriz energética mais limpa em relação à tradicional fonte dos motores a combustão. A ideia é que atenda à mobilidade aérea urbana (táxi aéreo), cumprindo o mesmo papel dos veículos tradicionais.

Como se trata de um negócio inovador, não existem estimativas a respeito do tamanho do mercado de mobilidade aérea urbana, porém de acordo com empresas especializadas consultadas para a pesquisa Reports and Data,[38] a previsão é que em

---

38 URBAN air mobility market, by component type (hardware, software, and services), by operation type (piloted and autonomous), by range (inter-city and intra-city), and by region forecast to 2032. **Reports and Data**, 2023. Disponível em: https://www.reportsanddata.com/report-detail/urban-air-mobility-market. Acesso em: 17 jan. 2024.

2032 o volume de negócios realizados no segmento passe dos 23 bilhões de dólares movimentados anualmente. Esse mesmo relatório aponta que os Estados Unidos têm uma demanda potencial de 55 mil viagens por dia servidas por aproximadamente 4 mil aeronaves.

Essa perspectiva de mercado representa oportunidade relevante para a Embraer, já que a companhia desenvolveu, ao longo de sua jornada, capacidades importantes que lhe credenciam ao protagonismo nessa nova modalidade do segmento aéreo global.

Tendo em vista essa oportunidade, em 2017 começou a ganhar forma, no EmbraerX, o projeto Eve, no qual a empresa começa a explorar seriamente o conceito de mobilidade aérea urbana como um segmento promissor e inovador.

O projeto Eve estava centrado no desenvolvimento de eVTOLs, visando criar uma alternativa de transporte urbano eficiente, sustentável e segura. Os veículos da Eve foram projetados para ser totalmente elétricos e foram estabelecidas diversas parcerias estratégicas com empresas de diferentes setores para explorar o ecossistema de mobilidade aérea urbana, incluindo colaborações para desenvolvimento de infraestrutura e sistemas de gestão de tráfego aéreo urbano.

As competências e ativos já existentes na Embraer permitem que a Eve acesse e utilize tecnologias avançadas de simulação e prototipagem para acelerar o desenvolvimento e teste de seus veículos.

O projeto despertou a atenção do mercado rapidamente, sobretudo de investidores, e a Embraer, entendendo a relevância e a oportunidade do negócio, iniciou a transição do projeto para uma entidade operacional independente. Em 2020, foi anunciado que a Eve Urban Air Mobility Solutions continuaria a operar como uma subsidiária da Embraer, porém como uma empresa independente. A companhia também anunciou os planos para realizar uma abertura de capital exclusiva da empresa, representando mais um passo em sua autonomia em relação à controladora.

Para atingir esse intento, a Eve decidiu abrir seu capital por meio de fusão com uma *special purpose acquisition company*, popularmente conhecida como SPAC. Por essa modalidade, em vez de passar pelo processo tradicional da *initial public offering* (IPO), que pode ser longo e complexo, uma empresa pode optar pela fusão com uma SPAC, já listada em bolsa. Esse processo é muitas vezes mais rápido e pode ser mais eficiente em termos de custos e regulamentação.

Em maio de 2022, a Eve realizou a fusão com a SPAC chamada Zanite e abriu seu capital na bolsa de valores de Nova York (Nyse), com um valor de mercado estimado em 2,4 bilhões de dólares (o valor de mercado da Embraer, na época, era de aproximadamente 1,6 bilhão de dólares).

É evidente que ainda existe muita "água por rolar embaixo dessa ponte", mas o caso Eve/Embraer traz uma dimensão fundamental de como um Motor 2 de crescimento tem potencial de transformar o negócio do Motor 1 a partir de suas capacidades existentes e orientado a um mercado que, se ainda não foi desenvolvido, representa uma perspectiva de evolução para impactar um universo de clientes muito mais representativo do que o projeto original. O negócio central e sua percepção de valor cresceu muito desde que a Eve foi lançada. No final de 2023, o valor de mercado da Embraer saltou para, aproximadamente, 2,8 bilhões de dólares (quase 70% de valorização em cerca de 1 ano e meio), pois, a partir da capacidade de implementação do novo negócio, agentes do mercado entenderam que o potencial de expansão da companhia pode atingir outras fronteiras que vão além de seu núcleo central.

Como demonstrado por essa referência, a perspectiva de crescimento do mercado almejado é tão ou mais relevante do que seu status atual, já que a evolução tecnológica tem potencial de criar novos comportamentos derivados de tendências emergentes.

Ao analisarmos o caso da Embraer para compreender as práticas eficazes da alavanca externa no sucesso dos Motores 2, é igualmente crucial destacar um aspecto interno que merece nossa análise. Esse aspecto tem relação com uma de nossas alavancas internas e diz respeito à maneira como a Embraer conseguiu estabelecer sinergia entre o Motor 1 e o Motor 2 de crescimento.

A empresa alcançou essa integração por meio de um sistema operacional que é tanto interdependente quanto autônomo. Esse processo teve início com a criação do EmbraerX, o laboratório de inovação da empresa, que desempenha um papel fundamental na fusão desses dois motores de crescimento, garantindo uma abordagem holística e eficiente para a inovação e a expansão corporativa.

Para viabilizar a execução da inovação, a empresa criou um sistema operacional com uma governança muito clara, segregando o modelo de gestão do negócio central das iniciativas orientadas à construção de novos projetos.

Como incubadora de inovação, a EmbraerX foi estruturada para atuar de maneira autônoma dentro da Embraer, permitindo uma abordagem mais ágil e experimental com a formação de equipes multidisciplinares trabalhando em estreita colaboração, mas com liberdade para explorar ideias inovadoras. Essa estrutura difere da tradicional, já que, como uma grande empresa global, com múltiplas divisões e produtos complexos, a Embraer conta com estrutura mais formal e hierárquica.

Uma das dimensões em que essa estrutura mais tem impacto é no processo de tomada de decisões. Até pela natureza do projeto, o sistema da EmbraerX foi estruturado para encorajar a tomada de decisões rápida e flexível, essencial para responder às mudanças velozes do mercado e para a experimentação em novas áreas de negócios. Na Embraer, a tomada de decisão tende a ser mais deliberada e processual, envolvendo várias camadas de gestão e considerações de risco mais complexas, típicas em indústrias reguladas, como a aeronáutica.

Para viabilizar o projeto Eve, a EmbraerX – e posteriormente a própria Eve – instituiu uma governança que incentiva a inovação, o teste rápido de conceitos e a colaboração com parceiros externos, incluindo startups, especialistas em tecnologia e reguladores. A Embraer também se engaja em parcerias, mas estas são geralmente mais integradas às suas operações e estratégias de negócios de longo prazo.

Para não perder a sinergia com o negócio principal, evitando o risco que já comentamos anteriormente da desconexão entre os sistemas, essa estrutura também envolveu a integração de diferentes áreas de expertise dentro da Embraer, como engenharia aeronáutica, design, tecnologia da informação e desenvolvimento de negócios. Tudo isso para assegurar que o desenvolvimento do eVTOL estivesse alinhado com os mais altos padrões de segurança e eficiência, uma das capacidades mais destacadas da Embraer.

A Embraer utilizou sua vasta experiência em aviação para dar suporte ao projeto, garantindo que as inovações da Eve estivessem alinhadas com os regulamentos do setor aeronáutico e com as expectativas do mercado. Desde a sua concepção, o projeto foi encarado como um dos motores principais na estratégia de evolução e sustentabilidade futura da organização, e não como mais uma iniciativa inovadora cosmética, estruturada para melhorar a percepção de valor da companhia em detrimento de causar uma transformação efetiva.

Essa estrutura, integrada e independente ao mesmo tempo, tende a gerar impactos significativos não apenas na dimensão mercadológica, resultando em mais negócios para a empresa. Em um processo simbiótico, tanto a EmbraerX é influenciada pela Embraer como também a influencia em um ciclo que impactará o modo como a companhia original opera e, sobretudo, sua cultura organizacional.

As práticas bem-sucedidas da incubadora tendem a ser adotadas pela controladora, já que sua execução exitosa reduz o risco de insucesso, diminuindo a curva de aprendizado da implementação. Esse processo, acontecendo de modo sistêmico e frequente, resultará em uma mudança no sistema de crenças e valores da organização que tende a introjetar novos elementos de maneira perene ao longo de sua trajetória. Com isso, a cultura da organização acompanha essa evolução.

Mesmo considerando que as duas alavancas de sucesso para a estruturação de Motores 2 de crescimento têm natureza distintas (uma está orientada à dimensão interna e outra à externa da organização), existe uma interdependência clara das duas perspectivas, e o êxito está condicionado à integração profunda dos dois sistemas. Por isso, não existe uma hierarquia entre eles. Não basta que uma das alavancas esteja funcionando a pleno vapor se esse mesmo nível de excelência não estiver presente na outra.

Quando esse sistema, no entanto, opera com eficiência, como no caso Embraer, o potencial de impacto é explosivo. Como demonstramos, essa iniciativa tem possibilidade de elevar a companhia a outro patamar, expandindo os horizontes de seu negócio principal, preparando a empresa para capturar um valor superior de seu ecossistema e se expandir em uma dimensão inimaginada para sua estrutura original.

Para o sucesso efetivo de um Motor 2, em qualquer organização, é crucial considerar as duas alavancas-chave – a interna e a externa. Contudo, existe uma dimensão que transcende essas alavancas e é absolutamente vital: o engajamento e o apoio da alta gerência e, sobretudo, da liderança principal do negócio. Sem esse suporte no mais alto nível, um projeto de Motor 2 enfrenta o risco de não alcançar seu máximo potencial. A liderança sênior não apenas fornece os recursos e a orientação necessários, mas também cria um ambiente em que a inovação pode florescer e ser integrada de maneira eficaz à estratégia geral da empresa.

3.2 LIDERANÇA E SUCESSO NA INOVAÇÃO CORPORATIVA

A lógica da estratégia para desenvolver os Motores 1 e 2 de crescimento é bastante coerente. Dificilmente, encontraremos indivíduos que não verbalizam a oportunidade e a necessidade de priorizar a implantação de um sistema de inovações na expansão das organizações nas quais atuam.

A prática, porém, nem sempre acompanha a tese. Há um risco que não pode ser subjugado e representa a diferença do sucesso ou fracasso em movimentos dessa natureza: com receio das mudanças e influenciados pela tendência à manutenção do *status quo*, líderes podem ficar presos às suas crenças e zona de conforto, passando a sabotar a promoção de estratégias mais disruptivas.

SE NÃO HOUVER O APOIO INCONDICIONAL DA ALTA GESTÃO E A FIRME CONVICÇÃO DA NECESSIDADE DE MUDANÇA, POSSIVELMENTE A TRANSFORMAÇÃO NÃO ACONTECERÁ, IMERSA EM INÚMERAS DESCULPAS E CONSTATAÇÕES QUE "PROVARÃO" NÃO SER NECESSÁRIO TANTO ESFORÇO E INVESTIMENTO.

Não são raros os casos em que aquela clássica observação "isso não vai pegar" é despejada da boca de líderes convictos com suas verdades absolutas e situações corporativas confortáveis quando defrontados com novas tecnologias.

Como afirmou Daniel Kahneman, o medo é da perda, não da mudança. Não obstante, como dissemos, para se transformar a estrutura da organização em ambidestra, deve-se substituir o medo da perda de controle sobre as operações, e também das consequentes mudanças, pela motivação de se desenvolver estruturas que serão responsáveis pela prosperidade tanto da empresa quanto dos colaboradores.

É responsabilidade central do líder promover essa visão, construindo uma narrativa que demonstre a todos as possibilidades derivadas desse movimento. É evidente que essa narrativa deve estar lastreada pela realidade. O primeiro a adotar essa perspectiva e se transformar é o próprio líder.

O cenário clássico que deve ser extinto é aquele em que, encasulados em suas suntuosas salas privadas e assistidos passivamente por secretários e assistentes, líderes do ontem conseguem persuadir a todos, de modo sedutor e com um vasto repertório racional, que o melhor caminho é a manutenção das estratégias atuais com a realização, quando muito, de mudanças incrementais. Mera perfumaria.

"Ah, de modo algum pensar em qualquer investimento de longo prazo que vai impactar seu bônus de final de ano."

Essa lógica podia até funcionar (temos dúvida se funcionava mesmo) em um ambiente mais estável, controlado e com menor nível de competitividade. Atualmente, manter esse comportamento é o começo do fim.

Uma das evidências de que a companhia está caindo nessa armadilha se refere a seu padrão de investimento anual quando aloca os recursos do próximo ano nas linhas de negócios de acordo com as receitas do ano corrente.

Essa fórmula tradicional de elaboração do orçamento anual em que o sistema cresce de maneira orgânica e linear é receita imbatível para orientar as ações da organização exclusivamente nas melhorias incrementais porque nenhum incentivo financeiro significativo estará destinado a frentes estratégicas orientadas ao futuro, pois ainda não geram caixa no curto prazo.

A consequência dessa escolha é que sempre ficarão em segundo plano as iniciativas como a geração proativa de novas demandas, a proteção de ameaças que não existiam anteriormente ou a identificação de novas necessidades dos clientes.

O Motor 2 é sempre preterido e a tendência é que fique com as migalhas que sobram nas alocações financeiras.

Como as evidências demonstram, focar toda a estratégia da organização em ações orientadas ao crescimento incremental representa riscos para a longevidade do negócio, já que a velocidade do ambiente é acelerada e repleta de rupturas. Com o tempo, a dinâmica do crescimento incremental vai minguando, enquanto outros competidores encontram novos modos de atuação no mesmo negócio, deslocando os líderes tradicionais do setor para áreas de menor lucratividade até que estes se tornem irrelevantes.

O líder, tanto no seu papel simbólico quanto no prático, é o responsável por destravar um modelo que tende a levar a empresa à entropia. Cabe a ele tanto demonstrar e mobilizar as pessoas da organização a respeito dos benefícios da transformação e dos riscos da não mudança, quanto estabelecer as políticas necessárias para que as iniciativas orientadas à inovação recebam o apoio devido. Agindo dessa maneira, o líder cumpre um papel fundamental na organização que conduz, já que promove a evolução da cultura da empresa, adaptando-a ao novo ambiente empresarial.

Imaginamos que, ainda que tenha o entendimento das alavancas-chave de sucesso, você possa estar com dúvidas sobre como implementar de maneira prática os Motores 2 de crescimento em seu negócio. Como sempre reiteramos, o aspecto decisivo para que as ideias obtenham sucesso é a sua implementação. Ideias sem execução são meras abstrações.

Desenvolvemos um estudo profundo, ao longo dos anos, orientado a responder a esse desafio e o resultado foi a estruturação de um roadmap, um plano com oito passos e iniciativas necessárias para viabilizar com sucesso esse motor de crescimento em seu negócio.

Esse é o foco do nosso próximo capítulo, em que você vai conhecer o caminho das pedras para viabilizar o Motor 2 de crescimento no seu negócio.

O ASPECTO DECISIVO PARA QUE AS IDEIAS OBTENHAM SUCESSO É A SUA IMPLEMENTAÇÃO. IDEIAS SEM EXECUÇÃO SÃO MERAS ABSTRAÇÕES.

@SANDROMAGALDI
@JOSESALIBINETO

04.
OS OITO PASSOS PARA IMPLEMENTAR MOTORES 2 DE CRESCIMENTO

Um roadmap é um plano estratégico que mostra os principais passos ou iniciativas necessários para alcançar um objetivo. Trata-se de uma ferramenta visual que ilustra de maneira clara e concisa os detalhes dessa jornada.

Utilizamos com frequência esse recurso, pois ele facilita o entendimento de estruturas complexas e abstratas. Na medida em que é possível acompanhar a evolução de como tornar concreto um objetivo, o entendimento desse caminho torna-se mais acessível e viável.

Escolhemos essa estrutura para compartilhar com você o resultado de nossos estudos sobre a estruturação de um Motor 2 de crescimento. Ao analisar os casos de sucesso, identificamos oito passos fundamentais para tirar projetos de inovação da esfera das ideias e torná-los concretos. Esses passos são a base do nosso roadmap.

Antes de apresentar essa estrutura, no entanto, cabe uma ponderação relevante. Não é nossa ambição – na realidade, seria uma presunção – esgotar o tema com a definição de um modelo único e infalível para atingir um objetivo tão relevante e complexo. Nossa proposta intenciona apresentar um caminho que lhe auxilie a viabilizar a sua jornada de execução da inovação sem agarrar-se a um modelo inflexível. Cabe o protagonismo de cada indivíduo na inserção de outras dimensões, visões ou estruturas que lhe auxiliem nessa trajetória. Estabelecer as bases para essa caminhada, entretanto, auxiliará a descobrir "o fio da meada", a desenvolver um raciocínio prático de como executar essa tarefa.

Feitas essas considerações, nosso roadmap de estruturação de Motores 2 de crescimento conta com oito passos, conforme a Figura 4.1.

Figura 4.1 Roadmap para a estruturação de Motores 2 de crescimento

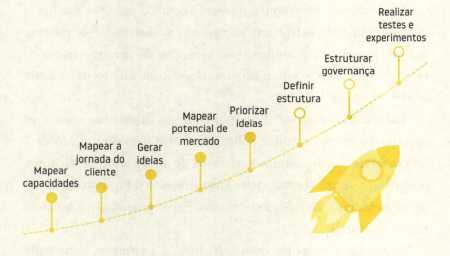

Passo 1. Mapear capacidades
Identificação das principais capacidades da organização com possibilidade de ser potencializadas em novos arranjos inovadores.

Passo 2. Mapear a jornada do cliente
Identificação de demandas críticas do cliente ou outros stakeholders do ecossistema que representem oportunidade para incrementar a experiência desse agente.

Passo 3. Gerar ideias
Correlação das capacidades organizacionais com as demandas de clientes explorando novas ideias de projetos inovadores como fruto da conexão dessas duas dimensões.

Passo 4. Mapear potencial de mercado
Levantamento de informações que suportem e validem as perspectivas e hipóteses levantadas como possibilidades de projetos.

Passo 5. Priorizar ideias
Estruturação de todas as hipóteses de projetos identificadas para construção de uma visão clara daqueles que serão viabilizados prioritariamente.

Passo 6. Definir estrutura
Definição da estrutura organizacional que conduzirá a execução do projeto.

Passo 7. Estruturar governança
Estruturação dos rituais, indicadores e processos que devem suportar o sistema de execução do projeto.

Passo 8. Realizar testes e experimentos
Definição de estratégia de execução que contemple as etapas do desenvolvimento do projeto, considerando os testes e experimentos para validação das teses construídas.

Observe como o modelo contempla duas etapas claras em todo o processo. Uma etapa é orientada à ideação das possibilidades e constituição da hipótese, e a outra tem como objetivo desenvolver seu sistema de execução. As etapas de 1 a 5 têm foco na ideação, enquanto as etapas 6 a 8, na implantação do projeto.

Também fica evidente que as etapas 1 e 2, de mapeamento das capacidades e da jornada do cliente, têm correlação com as duas alavancas-chave para o sucesso, que exploramos no capítulo 3. Elas são uma tradução dessa visão de maneira prática e tangível.

Para que seja possível uma visão aprofundada do nosso roadmap, exploraremos, com exemplos práticos, as especificidades de cada uma das etapas. Além disso, como nosso propósito principal é contribuir para que você tenha todos os recursos necessários à viabilização de seus projetos de construção de Motores 2, disponibilizaremos, para cada um dos passos, um Framework da Execução, ou seja, uma estrutura pré-formatada que servirá como guia para implantação autônoma desse processo.

Para garantir maior fluidez na leitura, essa estrutura será disponibilizada no final do livro. Neste Framework de Execução você encontrará oito modelos que compõem o mapa para implantação de projetos de inovação.

Vamos, então, iniciar essa jornada com nosso primeiro passo: mapear as capacidades.

4.1 PASSO 1: MAPEAR AS CAPACIDADES

Vamos resgatar um conceito-chave presente no capítulo 3, quando exploramos as alavancas de Motores 2 bem-sucedidos. Definimos as capacidades de uma organização como o conjunto de competências, processos, tecnologias, conhecimentos e ativos que ela possui e que lhe permitem criar valor para os clientes, diferenciando-se da concorrência. Essas capacidades representam o fundamento para que a empresa alcance seus objetivos estratégicos e obtenha vantagem competitiva no mercado.

Reiteramos o risco de entender capacidades organizacionais apenas como competências essenciais ou ativos de uma empresa. A definição é muito mais abrangente, e essa amplitude é fundamental para permitir uma maior abrangência na pesquisa e identificação desses elementos dentro do contexto organizacional.

A etapa de mapeamento das capacidades tem como objetivo central identificar quais são aquelas com possibilidades de ser potencializadas em novos arranjos inovadores, fundamentando os possíveis projetos que darão origem a Motores 2 de crescimento. Uma referência prática que contribui para o entendimento dessa estratégia em termos concretos está presente na jornada vitoriosa de uma empresa já citada aqui: a Netflix.

Em sua trajetória, conforme comentamos anteriormente, a empresa fundada em 1997 nos Estados Unidos por Reed Hastings e Marc Randolph, traduz todo o potencial de uma estratégia de sucesso para viabilizar a inovação em uma organização. Seu Motor 2 tornou-se tão poderoso que, com o tempo, transformou-se em Motor 1.

Como vimos, quando foi fundada, a empresa operava como um serviço de aluguel de DVDs pelo correio, permitindo que os clientes os alugassem e recebessem em seus lares sem a necessidade de se locomover para um ponto físico ou pagar taxas pelo atraso na sua devolução. Com a estruturação de um sistema logístico sofisticado, a empresa conseguia cobrir, por meio de entregas postais, praticamente todo o território estadunidense.

O modelo demorou um pouco para pegar tração, porém o projeto se consolidou. Em 2007, a empresa tinha em torno de 7,5 milhões de assinantes com um faturamento de aproximadamente 1,2 bilhão de dólares e um lucro líquido aproximado de 67 milhões de dólares. Sua presença já causava impactos significativos na líder do setor, a Blockbuster, que testemunhava um importante declínio em suas vendas e popularidade, além de enfrentar uma pressão financeira relevante devido ao seu nível de endividamento e esforço para manter a rentabilidade de suas mais de 7.500 lojas espalhadas por todo o mundo. O faturamento estimado da Blockbuster nesse mesmo ano foi de cerca de 5,5 bilhões de dólares, porém, como fruto de todos os desafios, reportou um prejuízo aproximado de 85 milhões de dólares.

O negócio da Netflix ia de vento em popa, porém a empresa sempre se pautou por uma visão que funciona como um alerta constante junto aos seus líderes: é necessário tomar o cuidado para não ser superada por uma empresa, conforme ocorreu com a Blockbuster.

Observando como a penetração da internet evoluía ao mesmo tempo que novas tecnologias poderosas se tornavam mais acessíveis, a companhia decidiu dar um passo corajoso para uma empresa que ainda estava no processo de consolidação de seu crescimento: ingressar no mundo digital.

Nesse mesmo ano, 2007, a empresa lançou sua plataforma de streaming. Naquele momento, essa opção era oferecida como um complemento ao serviço de aluguel de DVDs, sem custo adicional para os assinantes. Optou-se por um modelo híbrido, visando manter sua base de clientes do modelo tradicional ao mesmo tempo que lançava o novo projeto, testando e validando suas premissas. O streaming de vídeo era o Motor 2 de crescimento da Netflix.

O novo negócio marcou uma mudança significativa no modelo de negócios da empresa. Com o streaming, a Netflix começou a oferecer aos seus assinantes acesso imediato a uma vasta biblioteca de filmes e programas de TV via internet, iniciando uma transformação no setor de entretenimento e no modo como as pessoas consumiam conteúdo de mídia. Com a inserção desse projeto, a empresa migrou para um modelo de plataforma de negócios com implicações nada triviais para todo o seu sistema operacional.

A despeito do distanciamento do projeto original, para viabilizar seu Motor 2, a Netflix utilizou capacidades já existentes na empresa que fundamentaram as bases dessa iniciativa. Vamos nos debruçar sobre algumas:

- **Compreensão do cliente e análise de dados**. A capacidade da Netflix de compreender profundamente as preferências e o comportamento dos seus clientes foi crucial. A empresa foi uma das pioneiras ao desenvolver um sofisticado sistema de recomendações aos assinantes de DVDs que, baseado em suas avaliações e preferências, sugeria novos filmes alinhados com o perfil de cada usuário. Esse algoritmo, que tanto é uma tecnologia quanto um ativo, foi essencial para o sucesso do negócio original da empresa, já que, além de contribuir para incrementar a experiência do cliente, orientava a aquisição de novos títulos de maneira eficiente, aumentando a circulação dos DVDs mais populares e otimizando seu sistema de compras. Essa capacidade foi central para o streaming e foi adotada para personalizar as recomendações de conteúdo na plataforma, melhorando significativamente a experiência do usuário.

- **Logística e distribuição**. A empresa havia otimizado sua operação logística para o envio de DVDs, utilizando tecnologia para gerenciar eficientemente o inventário e garantir entregas rápidas. Essa eficiência logística é um reflexo da capacidade da Netflix de implementar soluções tecnológicas avançadas em operações complexas. A eficiência logística e operacional, aprimorada no negócio de DVDs, ajudou a empresa a entender as complexidades operacionais e a gestão de um grande volume de inventário, agora no ambiente virtual. Esse conhecimento foi central na gestão de conteúdo digital (estima-se que a plataforma da empresa conte com mais de 5.200 títulos disponíveis no Brasil).

- **Tecnologia**. Desde o início, a Netflix foi encarada por seus sócios como uma empresa de tecnologia. Essa visão foi traduzida em investimentos significativos nessa frente, tanto em termos de desenvolvimento interno quanto na adoção de novas tecnologias disponíveis no mercado. Uma evidência dessa perspectiva é que a empresa operava, no negócio tradicional de assinatura de DVDs, um site de e-commerce eficiente e amigável para os clientes muito antes de outras empresas. Essa capacidade, que pode ser encarada como uma competência, processo ou ativo, foi essencial para a organização desenvolver e escalar sua plataforma de streaming. A organização investiu em tecnologias avançadas para garantir streaming de vídeo de alta qualidade, e desenvolveu algoritmos sofisticados, como o de recomendação, que se tornaram um dos seus maiores diferenciais competitivos.

- **Relacionamentos com estúdios e distribuidores**. As relações estabelecidas com estúdios e distribuidores no negócio de DVDs facilitou a negociação de direitos autorais para a plataforma de streaming. Essa capacidade encurtou caminho e permitiu que, desde o início da plataforma, a empresa conseguisse oferecer um catálogo atraente a seus assinantes.

Essas capacidades foram fundamentais para a estruturação do Motor 2 de crescimento da Netflix, pois permitiram que a empresa não apenas navegasse pela transição de um modelo de negócios baseado em produtos físicos para o digital, mas também capitalizasse sobre as tendências emergentes de consumo de mídia, estabelecendo-se como líder em uma nova dinâmica de mercado.

A despeito do êxito do novo negócio, a Netflix manteve a oferta da plataforma de streaming aos clientes do negócio de DVDs de maneira bonificada por cerca de quatro anos. Por volta de 2010, a operação tradicional de entregas físicas atingiu seu ápice, com aproximadamente 20 milhões de assinantes nos Estados Unidos. Nesse ano, a empresa reportou um faturamento anual de aproximadamente 2,6 bilhões de dólares, com um lucro de 161 milhões de dólares, enquanto testemunhava a outrora líder Blockbuster decretar falência.

Mesmo surfando a onda desse sucesso, em julho de 2011, a Netflix começou a separar seu serviço de streaming do serviço de aluguel de DVDs. Nesse período, a empresa anunciou uma mudança significativa em sua estrutura de preços e passou a cobrar separadamente pelo aluguel de DVDs e pelo acesso à plataforma de vídeos. O Motor 2 da organização começou a se descolar do negócio original.

> **O MOTOR 2 DA ORGANIZAÇÃO COMEÇOU A SE DESCOLAR DO NEGÓCIO ORIGINAL.**

Essa decisão representou uma mudança estratégica importante para a Netflix, já que refletiu o foco crescente da empresa no streaming de vídeo como seu principal modelo de negócios. A mudança foi controversa na época, e inicialmente resultou em uma reação negativa de alguns clientes, além da queda temporária no número de assinantes. No entanto, a longo prazo, a decisão foi fundamental para a transição bem-sucedida da organização a um novo negócio muito mais escalável e promissor.

Mesmo testemunhando o declínio natural no negócio de DVDs, a empresa não o descontinuou, pois essa frente continuava gerando resultados. Em 2021, a receita dessa unidade ainda representava 182 milhões de dólares (0,6% do total) com aproximadamente 2 milhões de assinantes que ainda prefeririam receber o produto físico em seus lares nos Estados Unidos. Apenas no início de 2023, dezesseis anos após lançar sua plataforma de vídeos, a Netflix anunciou o encerramento desse serviço. As devoluções de DVDs ainda pendentes poderiam ser realizadas até outubro daquele ano.

A transição para o streaming foi um movimento estratégico da empresa, alinhado com as mudanças nas preferências dos consumidores e os avanços tecnológicos. Embora o serviço de DVDs tenha sido fundamental para o sucesso inicial da organização, o investimento e o crescimento no streaming foram os fatores que transformaram a Netflix em uma gigante global do entretenimento. Em 2022, a empresa faturou aproximadamente 8 bilhões de dólares e, no ano seguinte, ultrapassou a marca de 240 milhões de assinantes globalmente, com um valor de mercado em torno de 200 bilhões de dólares.

O Motor 2 da empresa se mostrou tão potente que destruiu o Motor 1. Essa jornada expressa a essência da inovação e traduz a teoria da destruição criativa de Joseph Schumpeter, presente na obra *Capitalismo, socialismo e democracia*,[39] que, em uma leitura mais simplista, pode ser encarada como a prática da empresa de destruir seu próprio negócio antes que um competidor o faça.

Ancorada por algumas de suas capacidades organizacionais mais poderosas, a Netflix conseguiu ter uma visão favorável da conexão dessas capacidades com a evolução das tendências de comportamento do seu cliente. O sucesso do projeto é uma evidência do potencial desse sistema quando bem executado, e também traz uma dimensão que não pode ser negligenciada: a consolidação de projetos dessa natureza leva tempo e muitos desafios são apresentados ao longo de toda a jornada. Observe que o Motor 2 da empresa só ganha autonomia após cerca de quatro

---

[39] SCHUMPETER, J. **Capitalismo, socialismo e democracia**. São Paulo: Editora Unesp, 2017.

anos do seu lançamento (isso sem considerar o tempo prévio de desenvolvimento da solução).

A dinâmica protagonizada pela Netflix evidencia a relevância estratégica da formação de Motores 2 de crescimento, já que seu êxito – ou fracasso – tem implicações importantes para o negócio principal da organização.

Para mitigar os riscos inerentes a todo o processo de inovação e, ao mesmo tempo, identificar as capacidades, é recomendado que seja feito o mesmo exercício para reconhecer as limitações da empresa. Essa análise permite uma avaliação mais eficaz dos desafios que se apresentarão em toda a jornada, além da reflexão prévia das possíveis iniciativas realizadas com o objetivo de diminuir seu impacto na evolução do projeto.

Limitações organizacionais são fatores internos ou externos que impedem ou dificultam que a empresa atinja seus objetivos estratégicos e operacionais. Essas limitações podem estar relacionadas a diversos aspectos da organização, como os listados a seguir.

- **Recursos**
  - » Limitações financeiras, como falta de capital ou restrições de orçamento.
  - » Escassez de recursos humanos, como falta de pessoal ou de competências específicas.
  - » Limitações de infraestrutura, como equipamentos obsoletos ou falta de tecnologia.

- **Processos**
  - » Falhas ou ineficiências nos processos internos.
  - » Falta de padronização ou integração entre os processos.

- **Conhecimento**
  » Falta de conhecimento de novas realidades ou contextos.
  » Estrutura de conhecimento muito relacionada à realidade anterior do negócio.

- **Cultura organizacional**
  » Cultura resistente à mudança ou à inovação.
  » Falta de alinhamento entre os valores da organização e as práticas diárias.

- **Estrutura organizacional**
  » Estrutura hierárquica rígida ou burocrática.
  » Falta de comunicação ou colaboração entre os departamentos.

- **Ambiente externo**
  » Mudanças no mercado ou na economia que afetam a demanda pelos produtos ou serviços da empresa.
  » Concorrência intensa ou entrada de novos concorrentes no mercado.
  » Regulamentações ou leis que restringem as operações da empresa.

Quando a Netflix lançou sua plataforma de streaming, em 2007, ela enfrentou algumas destas limitações organizacionais.

- **Recursos**. Para viabilizar o novo negócio, a Netflix teve de superar a limitação de recursos financeiros, já que a estruturação de uma infraestrutura tecnológica robusta demanda muito capital (situação ainda mais desafiante no período em que o projeto foi lançado, já que inexistiam tantas ofertas de produtos e aplicações como as que foram sendo desenvolvidas ao longo dos anos). Além disso, o inventário de produções únicas é muito maior em uma plataforma digital do que no negócio de DVDs, pois menos filmes compõem o estoque de possibilidades aos assinantes (o modelo da mídia física pressupõe mais DVDs para menos títulos disponíveis). Essa dinâmica fez com que o investimento em direitos autorais aumentasse significativamente. Com o intuito de mitigar esses desafios, a empresa buscou alternativas para viabilizar sua infraestrutura, como a solução de computação em nuvem que representa um desembolso financeiro antecipado menor (a Netflix foi uma das primeiras empresas robustas a migrar para esse modelo em 2018). Além disso, estabeleceu parcerias estratégicas com estúdios de produção audiovisual para lançar novos projetos em modelos de compartilhamento das receitas de acordo com o sucesso da produção ao longo do tempo (mais adiante, a empresa começou a investir na produção de conteúdo original).

- **Processo**. A transição do modelo de negócios de aluguel de DVDs para streaming demandou uma redefinição significativa de processos operacionais e de atendimento ao cliente. O negócio de entregas via postal é significativamente diferente do modelo virtual. A Netflix realizou uma adaptação profunda de seus processos para se concentrar na eficiência do streaming, melhorando a experiência do usuário e simplificando a entrega de conteúdo. Essa jornada foi ainda mais desafiante se considerarmos o pioneirismo da empresa no modelo de assinatura de produtos digitais. Nessa época não havia empresas de referência que permitissem uma leitura das melhores práticas. A empresa foi tão bem-sucedida no desenvolvimento desse novo padrão de processos e fluxos que se transformou em referência, sendo a inspiração para muitas organizações que surgiram posteriormente com o mesmo modelo de negócios.

- **Conhecimento comercial.** Um dos fatores-chave de sucesso da Netflix em sua fundação foi desenvolver um agressivo modelo de captação de assinantes para seu negócio de locação de DVDs. Esse modelo foi baseado em um conhecimento, já consagrado na época, proveniente da venda de assinaturas de publicações impressas, com destaque a produtos do meio editorial (sobretudo revistas e jornais). Ao migrar para o ambiente digital em uma época que o negócio de mídia on-line apenas engatinhava, a empresa teve de desenvolver um novo conjunto de capacidades comerciais mais adequadas a essa nova realidade. A Netflix foi uma das pioneiras, por exemplo, a atuar com o modelo de degustação, oferecendo um mês de gratuidade a todos os novos assinantes. Desde o lançamento da plataforma, em 2007, o indivíduo interessado em assiná-la era obrigado a passar por esse período de degustação, e apenas a partir dele é que sua assinatura começava a ser cobrada. Essa estratégia foi um sucesso e só foi descontinuada em 2019, quando a plataforma já estava consolidada junto ao grande público e não era mais necessário prover essa degustação para atrair novos assinantes. Esse é apenas um exemplo entre tantos outros conhecimentos e competências que tiveram de ser desenvolvidos na frente de negócios, em iniciativas que vão desde a captação até a fidelização de clientes visando à diminuição do número de cancelamentos.

A abordagem proativa dessas limitações contribuiu para a Netflix não apenas superá-las, mas também se estabelecer como líder global no setor de streaming.

A viabilização dessa estratégia tem início com uma análise profunda, corajosa e isenta de quais condições existentes, diante de uma nova dinâmica de negócios, podem representar âncoras no processo de evolução desse projeto.

Entender as limitações organizacionais é fundamental para que a empresa possa desenvolver estratégias eficazes para superar esses obstáculos e alcançar seus objetivos.

Como visto, o passo 1 de nosso roadmap envolve a identificação de quais capacidades são essenciais para o sucesso do novo projeto, ao mesmo tempo que analisa as limitações potenciais existentes para neutralizá-las.

Em nosso Framework da Execução, nas **páginas 270 e 271**, você encontrará os modelos para desenvolvimento dessa estrutura com o caso Netflix exemplificado para melhor entendimento dessa lógica.

A partir dessa análise, estamos preparados para a segunda etapa de nosso roadmap: o mapeamento da jornada do cliente

4.2 PASSO 2: MAPEAR A JORNADA DO CLIENTE

É importante reiterar que as etapas 1 e 2 de nosso roadmap não compreendem uma hierarquia entre elas e são totalmente interdependentes em todo o processo. Feita essa consideração, podemos partir para o segundo passo do nosso esquema que consiste no mapeamento da jornada do cliente visando identificar demandas e necessidades críticas que representem oportunidades para incrementar sua experiência de compra.

Essa análise não se resume exclusivamente ao universo do cliente e compreende a possibilidade de avaliação da jornada de outros stakeholders relevantes no ecossistema da organização. Um olhar mais expandido permite ampliar a captura de valor para todo o sistema, não ficando restrito a apenas um agente da cadeia de valor da empresa.

Dividimos esta etapa em duas dimensões: o mapeamento da jornada de compra e o da jornada da experiência de uso.

Mapear a jornada de compra de um cliente consiste em identificar e entender as diversas etapas pelas quais um consumidor passa antes, durante e depois da realização de uma compra.

No nosso Framework da Execução, na **página 272**, você terá detalhes de como realizar esse mapeamento, mas, em geral, o processo contempla as seguintes fases:

a) **Identificação da necessidade** – o cliente percebe que tem uma necessidade ou problema a ser resolvido.

b) Pesquisa de informações – o cliente busca referências sobre produtos ou serviços que podem satisfazer a necessidade identificada.

c) Avaliação de alternativas – o cliente compara diferentes opções disponíveis no mercado.

d) Decisão de compra – o cliente decide qual produto ou serviço comprar.

e) Compra – o cliente adquire o produto ou serviço escolhido.

f) Pós-compra – o cliente avalia sua experiência com o produto ou serviço, o que influenciará compras futuras e lealdade à marca.

Em cada uma dessas etapas, o cliente adotará comportamentos específicos que devem ser mapeados visando entender sua interação em todo o processo de compra. Essa análise permite uma melhor compreensão do seu comportamento nessa fase do processo, identificando pontos de contato críticos que podem gerar oportunidades para o desenvolvimento de novos projetos para atender a essas demandas.

Uma organização jovem, nativa digital, que alcançou protagonismo recente no mundo empresarial, desenvolveu uma iniciativa inovadora que foi incorporada ao seu Motor 1 de crescimento tendo como fundamento entender profundamente a jornada de compra de seus clientes.

O TikTok, que faz parte do grupo ByteDance, surgiu na China em 2016. Chamado originalmente de Douyin, é um modelo de rede social de compartilhamento de vídeos tendo um forte enfoque na criação de conteúdo criativo e entretenimento por parte de seus usuários. Em 2017, após a fusão com o Musical.ly, aplicativo de áudio popular entre os jovens chineses, o grupo decidiu criar uma versão internacional que batiza de TikTok, iniciando sua expansão global. Inicialmente a plataforma era focada em vídeos curtos, muitos dos quais envolviam música e dublagem, modelo muito influenciado pela aproximação com o Musical.ly.

Com o tempo, o TikTok evoluiu para incluir uma gama mais ampla de conteúdos em sua plataforma, como danças, desafios, tutoriais, dicas de vida e até mesmo informações educacionais e notícias. A rede social se destacou por seu algoritmo que promove uma experiência altamente personalizada e viciante, contribuindo para seu crescimento e popularidade explosivos em todo o mundo.

No Brasil, seu crescimento foi meteórico. Pegando carona na alta receptividade dos brasileiros a redes sociais, rapidamente o aplicativo adquiriu forte audiência e, em 2023, já ocupava a posição de terceiro maior mercado consumidor do TikTok no mundo, com mais de 82 milhões de usuários.

Em geral, o modelo de negócios tradicional das redes sociais é o de publicidade on-line, que gera receitas monetizando sua audiência por meio de anúncios comercializados com o mercado (a Meta e o Google são os principais protagonistas desse segmento no mundo digital). O TikTok iniciou experimentações para ampliar sua fonte de geração de receitas com novos modelos e fez isso a partir do entendimento da jornada de compra de seus clientes. A orientação desses experimentos tinha como foco compreender como o usuário da rede social se comporta na aquisição de ofertas de produtos de moda, cosméticos e itens em geral.

Uma dessas experimentações foi testar modelos relacionados ao *social commerce*, que pode ser encarado como uma fusão do comércio eletrônico com as mídias sociais. O modelo, que vai além da estrutura clássica de publicidade on-line, envolve a venda de produtos ou serviços por meio de redes sociais, permitindo que os usuários façam compras sem sair desses aplicativos ou sites. Essa abordagem combina a natureza interativa e envolvente das mídias sociais com a conveniência do comércio eletrônico, oferecendo uma experiência de compra mais integrada e acessível.

Entendendo a oportunidade de estruturar uma abordagem aos seus milhões de usuários nas fases prévias à etapa de aquisição da jornada de compra, momento em que estão estruturando seu nível de consciência sobre sua necessidade, pesquisando informações e avaliando alternativas, o TikTok desenvolveu o conceito de *social commerce* em sua plataforma de maneiras inovadoras e eficazes.

A plataforma desenvolveu possibilidades para facilitar a promoção de produtos em vídeos comerciais curtos e atraentes e, em paralelo, lançou recursos de comércio eletrônico, como a TikTok Shop, permitindo compras dentro do aplicativo. Os criadores e as marcas podem configurar lojas no TikTok, integrando-se a plataformas como Shopify para agilizar a criação de lojas. Os vendedores podem incorporar links de produtos em seu conteúdo e perfis para compras instantâneas.

Essas estruturas permitiram aos influenciadores, um dos agentes mais relevantes do ecossistema da rede social, a utilização de recursos para potencializar a venda de seus próprios produtos ou serviços ou, ainda, a comercialização de ofertas de terceiros. Como efeito colateral, além de impactar o cliente final da plataforma, o TikTok aumenta a fidelização junto a uma categoria essencial para atrair e fidelizar usuários para a rede social, gerando uma nova fonte de receita a esses influenciadores.

Com essas integrações na plataforma, os clientes têm a possibilidade de realizar aquisições de produtos e serviços diversos com fricção mínima. Assim, a plataforma desenvolveu uma solução viável que atende à jornada de compra desses clientes, desde a identificação da necessidade até o momento da aquisição.

Como resultado, o TikTok se tornou uma espécie de "shopping digital", um dos espaços de compra mais movimentados do mundo. Estima-se que aproximadamente 38% de seus usuários brasileiros já consumiram algo por meio da plataforma (considerando mais de 80 milhões de usuários apenas no Brasil, temos uma estimativa de aproximadamente 28 milhões de consumidores ativos apenas na região).

A identificação da jornada de compra do cliente permitiu que a empresa desenvolvesse um novo motor de geração de receitas unindo sua capacidade de atração e engajamento de larga audiência com atributos relacionados ao segmento de comércio eletrônico, e criando uma modalidade que vai além do modelo tradicional de publicidade on-line. Além disso, criou valor a outro agente essencial de seu ecossistema: os influenciadores que têm potencial para multiplicar o alcance e a audiência da plataforma. Essa é uma referência clássica de como a visão expandida dos agentes de todo o sistema da organização tem a possibilidade de expandir o processo de captura de valor da empresa, não ficando circunscrita à visão linear (que, nesse caso, levaria a empresa a concentrar seus esforços no modelo tradicional do setor de publicidade on-line).

A jornada de compra, no entanto, é apenas uma das dimensões da análise do comportamento do cliente. Outra perspectiva que pode revelar excelentes insights é o mapeamento da jornada de experiência de uso do cliente.

Entendemos a jornada da experiência com um produto ou serviço como o conjunto de interações e percepções que o cliente tem desde o momento em que toma conhecimento do produto ou serviço até o pós-uso. Diferentemente da jornada de compra, que se concentra nas etapas até a aquisição, a jornada da experiência do cliente abrange um espectro mais amplo, incluindo o uso contínuo e o relacionamento pós-venda.

Destaca-se nessa dimensão, sobretudo, a etapa em que o cliente utiliza o produto ou serviço, já que é a fase em que ele interage diretamente com o negócio, proporcionando percepções reais sobre sua qualidade, funcionalidade e valor. A investigação profunda dessa experiência fornece inúmeros feedbacks sobre as fricções existentes no processo, problemas, desafios e áreas de melhoria. Esses insights são cruciais para a reflexão sobre potenciais projetos inovadores e o desenvolvimento de novas soluções que elevarão a experiência do cliente a outro patamar.

Além disso, a análise de padrões de comportamento pode gerar informações que contribuem para identificar as demandas atuais não atendidas e a antecipação das necessidades futuras, projetando novas possibilidades de acordo com a evolução do ambiente.

Na **página 273** do Framework da Execução, você encontrará uma referência de como realizar o mapeamento da experiência de uso do cliente.

OUTRA PERSPECTIVA QUE PODE REVELAR EXCELENTES INSIGHTS É O MAPEAMENTO DA JORNADA DE EXPERIÊNCIA DE USO DO CLIENTE.

@SANDROMAGALDI
@JOSESALIBINETO

Vejamos outra empresa muito bem-sucedida, da nova geração, que revolucionou o setor em que atua, emergiu e se desenvolveu como resultado da observação atenta da experiência do cliente de seu segmento.

Brian Chesky e Joe Gebbia eram colegas na Rhode Island School of Design quando decidiram mudar-se para São Francisco, atraídos pelas possibilidades profissionais no campo do design e tecnologia. Como estavam na fase de busca de ofertas de trabalho, enfrentavam dificuldades constantes para arcar com o aluguel do apartamento em que viviam.

No início dos anos 2000, como fruto da explosão das empresas digitais, São Francisco se transformou na meca do empreendedorismo, sobretudo devido à região conhecida como Vale do Silício. Dezenas de eventos eram realizados diariamente na cidade e alguns recebiam uma audiência de dezenas de milhares de pessoas. A cidade não estava estruturada para atender a essa demanda e houve uma explosão na taxa de ocupação dos hotéis, que, muitas vezes, sequer davam conta da demanda básica da cidade. Além de lotados, o preço da diária acompanhou o volume da demanda, atingindo os maiores patamares dos Estados Unidos.

Em 2008, ao buscar soluções para os desafios de arcar com as despesas do aluguel, Chesky e Gebbia tiveram o insight de atender à demanda existente em São Francisco para hospedagem, alugando um espaço no apartamento em que viviam. Como não tinham estrutura para isso, alugaram colchões de ar em sua sala de estar para oferecer acomodação a participantes de uma conferência que estavam sem opções de alojamento acessíveis na cidade. A iniciativa foi um sucesso e os futuros empreendedores entenderam que era possível ir além de apenas criar uma opção para gerar uma "grana para pagar suas contas", já que havia uma demanda não atendida por acomodações acessíveis e autênticas, especialmente durante eventos de grande escala em que os hotéis estavam lotados ou eram muito caros.

Dessa experiência surgiu, em 2008, o Airbnb, termo que tem origem na expressão *air, bed and breakfast* (ar, cama e café da manhã) e remete aos colchões de ar que deram origem ao projeto.

A dupla de sócios original se uniu a Nathan Blecharczyk, que, com suas habilidades em tecnologia, tornou-se o terceiro fundador da organização que se transformou em um dos maiores serviços de hospedagem e aluguel de acomodações do mundo.

A história do Airbnb é um exemplo claro de como a observação das demandas dos clientes reserva oportunidades incríveis de desenvolvimento dos novos negócios. Desde a sua fundação, a empresa foi fundamentada no conceito do *jobs to be done* (JTBD), com seus fundadores obcecados pelo mapeamento da experiência de uso de seus clientes.

Para entender em profundidade o comportamento desses agentes, antes mesmo do lançamento da plataforma, seus líderes promoveram uma pesquisa profunda junto a esse universo e entenderem que havia uma parcela importante de pessoas que não buscava apenas uma acomodação, e sim experiências únicas. Essa visão norteou uma das principais decisões estratégicas para o negócio: a diferenciação da plataforma seria a experiência promovida tanto para anfitriões quanto para hóspedes.

Essa pesquisa mostrou um componente no comportamento dos hóspedes que ia além da busca utilitária por uma opção de acomodação, já que muitas pessoas buscam soluções autênticas, mais aconchegantes que fugissem da estrutura fria e impessoal dos hotéis. Essas pessoas buscam uma experiência particular e almejam vivenciar um destino como um morador local.

Para os anfitriões, o Airbnb entendeu que havia uma assimetria importante, pois esses proprietários tinham muitas dificuldades não só em alugar suas propriedades, mas em ter a segurança de que não seriam vítimas de mau uso dos seus imóveis ou de mal pagadores.

Para ter uma maior profundidade no entendimento do comportamento desses agentes, foram identificados e mapeados 45 "momentos emocionais" em seu ciclo de experiência de hospedagem e estadia que deram origem a um storyboard, recurso que consiste em uma sequência visual de desenhos ou ilustrações usados para visualizar e planejar a narrativa de uma sequência de eventos. É como uma espécie de esboço gráfico ou roteiro visual que permite contar uma história, facilitando a compreensão de todo contexto. Com isso, o Airbnb contou a história de seus hóspedes e anfitriões de um modo lúdico, de fácil assimilação e entendimento para todos.

A partir desse mapeamento, foram desenvolvidas facilidades que influenciaram as funcionalidades da plataforma on-line, facilitando a listagem, a busca e a reserva de acomodações. A usabilidade e a confiabilidade do site foram cruciais para o sucesso do projeto em um momento em que todos os *players* do setor se restringiam a apresentar uma visão mais funcional na apresentação das ofertas de imóveis para locação, em um modelo que se assemelhava aos tradicionais classificados de jornais impressos.

A empresa entendeu, ainda, a relevância de trabalhar na construção de uma cultura de confiança entre todos os agentes do sistema, adotando modelos de avaliação e verificação essenciais para a segurança e a tranquilidade tanto de hóspedes quanto de anfitriões.

Foram estabelecidos padrões e recursos visando facilitar ao máximo a exposição das fotos das propriedades para oferecer a experiência mais próxima possível da realidade e aumentar a atratividade das ofertas.

Com o tempo, a qualificação da apresentação das propriedades na plataforma adquiriu novas categorias, mais alinhadas com a visão da experiência desejada pelo hóspede em vez de características funcionais dos locais. Assim, é possível fazer buscas por categorias como "vinhedos", "na beira do lago", "vistas incríveis", "casas de árvore", entre outas modalidades que representaram uma ruptura em relação ao modelo tradicional existente.

Muito do sucesso do Airbnb pode ser atribuído à sua capacidade de identificar e atender eficazmente aos JTBD dos agentes de seu ecossistema, criando soluções superiores às existentes tanto para anfitriões quanto para hóspedes, o que transformou o setor de hospitalidade globalmente. Esse processo está ancorado em uma metodologia clara de mapeamento da experiência do cliente, identificando os momentos mais relevantes de cada etapa para gerar interações mais qualificadas, eliminando atritos ao mesmo tempo que aprimora constantemente a qualidade desse percurso.

Uma evidência do sucesso do projeto pode ser atestada por meio de diversos marcos significativos que demonstram a atual relevância do Airbnb no setor de hospitalidade e turismo. Em 2023, estima-se que a empresa oferecia mais de 7 milhões de anúncios em mais de 100 mil cidades espalhadas por 191 países e regiões em todo o mundo. A plataforma facilitou mais de 800 milhões de hospedagens para os clientes desde a sua fundação, refletindo seu impacto massivo no turismo global.

Em sua oferta pública inicial (IPO) em dezembro de 2020, o Airbnb foi avaliado em mais de 47,3 bilhões de dólares (em 2023, o valor de mercado da empresa estava em cerca de 75 bilhões de dólares).

Esses números demonstram não apenas o sucesso do Airbnb como negócio, mas também seu papel em transformar o setor de turismo e hospitalidade, oferecendo uma alternativa ao modelo tradicional de hospedagem. Curiosamente e, mais uma vez demonstrando o potencial da visão de ecossistemas, a plataforma se transformou em uma opção comercial para hotéis e pousadas que começaram a adotar seus serviços para exposição de suas ofertas da mesma maneira que utilizam outros canais de divulgação clássicos.

Nas **páginas 274 e 275** de nosso Framework da Execução, você encontrará o passo a passo para elaborar um storyboard com a experiência do cliente.

Durante processos de investigação como esse promovido pelo Airbnb, não são raras as ocasiões em que as descobertas fogem do senso comum e são descortinadas, já que existem motivações tácitas das quais nem mesmo seus protagonistas têm consciência.

É inevitável resgatarmos aquela frase atribuída a Henry Ford, fundador da empresa automobilística homônima, que comentava: "Se eu tivesse perguntado às pessoas o que elas queriam, elas teriam dito cavalos mais rápidos". Essa visão compreende a ideia de que muitas vezes, principalmente em se tratando de inovações, o cliente não está ciente das possibilidades que podem ser disponibilizadas para o atendimento de suas demandas. No caso da Ford, isso se refletiu na aposta da produção em massa de automóveis a valores mais acessíveis em detrimento de investimentos nos meios de transporte existentes, como cavalos e carruagens.

A. G. Lafley, CEO emblemático do mundo empresarial que liderou durante mais de dez anos a Procter & Gamble (P&G), uma das maiores empresas de bens de consumo do mundo, afirmava que grandes inovações vêm da compreensão das necessidades e desejos não atendidos do cliente, tanto os que eles expressam como os que não expressam. Indo além do que indivíduos colocam em palavras, o mais importante é aquilo que não conseguem articular ou não querem dizer.

NEM SEMPRE OS CONSUMIDORES CONSEGUEM EXPRESSAR O QUE DESEJAM E, MESMO QUANDO ISSO ACONTECE, SEUS COMPORTAMENTOS PODEM CONTAR UMA HISTÓRIA DIFERENTE DAQUILO QUE VERBALIZAM.

Essa estrutura faz com que seja necessária uma abordagem mais profunda na investigação da experiência do cliente, que vá além de métodos quantitativos que podem apresentar uma visão extremamente racional de um quadro muito mais complexo.

Essa dinâmica já foi identificada por algumas empresas e fez com que emergisse um movimento impensado tempos atrás. Organizações têm contratado antropólogos para contribuir com uma investigação profunda de seus clientes, já que esses profissionais são especializados na observação e interpretação do comportamento de indivíduos em seus ambientes naturais. Por meio de técnicas como etnografia, observação participante, entrevistas em profundidade, análise de artefatos culturais, entre outras, são gerados estudos que contribuem para identificar comportamentos existentes e emergentes que não são visíveis por meio das pesquisas tradicionais.

Analistas do setor apontam que a Microsoft é a segunda maior empregadora de antropólogos dos Estados Unidos, só perdendo para o governo estadunidense em volume de contratações desses profissionais. Esses especialistas contribuem para uma melhor compreensão das necessidades dos usuários na experiência com os produtos e serviços da empresa e auxiliam a modelação de soluções, adequando-as aos comportamentos identificados.

Esse movimento reflete uma mudança importante no ambiente empresarial que, devido às rápidas e constantes mudanças, se vê às voltas com o desafio de compreender profundamente seus clientes. Essa dimensão torna-se ainda mais instigante em se tratando do desenvolvimento e lançamento de inovações que explorarão territórios inéditos, muitas vezes sem nenhuma comprovação ou evidência concreta sobre a reação do cliente com o negócio.

Investir na identificação, em profundidade, do comportamento do cliente por meio do mapeamento da sua jornada é mais do que uma estratégia para fomentar a inovação e a estruturação de Motores 2 para a empresa. É uma capacidade que pode se transformar em um dos principais diferenciais competitivos de qualquer empresa.

A partir do mapeamento, tanto das capacidades da organização quanto da jornada do cliente (em suas duas dimensões), partimos para o terceiro passo de nosso roadmap: o processo de geração de ideias, em que correlacionaremos as capacidades organizacionais com as demandas dos clientes que foram identificadas, explorando novas possibilidades de projetos inovadores como fruto da conexão dessas duas dimensões.

4.3 PASSO 3: GERAR IDEIAS

Essa é uma das etapas mais relevantes de todo roadmap, pois consiste na geração de possibilidades de projetos inovadores do tipo Motores 2 de crescimento, correlacionando as capacidades organizacionais com as demandas de clientes mapeadas nas fases anteriores.

Essa parte do processo demanda muito esforço cognitivo, já que se dedica a incentivar a promoção do pensamento original com a formulação de hipóteses criativas e inéditas. Ela não se restringe a um mapeamento orientado à observação de estruturas existentes ou ainda à estruturação de sistemas de modo mais racional. Seu resultado é fruto da capacidade humana de pensar novas perspectivas a partir do conhecimento e das informações disponíveis.

Devido a essa dinâmica, apontaremos caminhos para uma estrutura de raciocínio que organize a geração de ideias com diversos instrumentos e possibilidades a serem adotados de acordo com a maior adequação à sua realidade em particular. Em nosso Framework da Execução, nas **páginas 276 a 283**, exploraremos em detalhes como aplicar as principais estruturas apresentadas aqui para facilitar a sua implementação.

O primeiro passo dessa jornada consiste na organização das informações coletadas nas etapas anteriores, que são a base desse exercício de ideação. É necessário que esses parâmetros sejam revisitados e que exista um entendimento claro do seu significado, que deve ser homogêneo, junto a todos do grupo.

Existem diversas técnicas que podem ser utilizadas para organizar as informações já coletadas e promover reflexões dessa natureza para a construção de proposições valiosas de uma maneira sistematizada.

Uma estratégia recomendada é, antes de partir para a fase da ideação, utilizar alguma ferramenta que permita organizar as informações em um framework único, que possibilite uma visão uniforme e estruturada das principais conclusões a serem extraídas, tendo como base as capacidades e oportunidades mapeadas.

Uma ferramenta clássica que pode contribuir nesse objetivo é a construção de uma Matriz SWOT fundamentada nas informações já levantadas.

A Matriz SWOT é uma ferramenta de planejamento estratégico usada para ajudar uma organização a identificar: forças (*strengths*), fraquezas (*weaknesses*), oportunidades (*opportunities*) e ameaças (*threats*) do seu projeto. A técnica foi desenvolvida por Albert Humphrey, na década de 1960, e é frequentemente utilizada em ambientes de negócios para avaliação estratégica. Os principais componentes da Matriz SWOT são:

a) Forças (*strengths*)

São as características internas da organização ou do projeto que dão vantagem sobre os outros. Em nosso caso, utilizaremos como base as capacidades mapeadas anteriormente.

b) Fraquezas (*weaknesses*)

São as características internas que colocam a organização ou o projeto em desvantagem em relação aos outros. Nossa base, aqui, são as limitações mapeadas.

c) Oportunidades (*opportunities*)
São os elementos externos que a organização ou o projeto pode explorar para obter vantagem. Nessa avaliação resgatamos os achados quando mapeamos a jornada do cliente.

d) Ameaças (*threats*)
São os elementos externos que podem causar problemas para a organização ou para o projeto. Aqui correlacionamos como as tendências emergentes do ambiente podem representar ameaças, de acordo com as capacidades e limitações do negócio.

Nas **páginas 280 e 281** do nosso Framework da Execução, você terá um passo a passo de como estruturar uma Matriz SWOT, que é tipicamente representada como um quadrado dividido em quatro quadrantes, cada um representando um dos elementos (forças, fraquezas, oportunidades e ameaças).

A análise SWOT contribuirá para uma visão dos pontos em que a organização ou o projeto se destaca, em que pode melhorar, que oportunidades deve buscar e que ameaças precisa monitorar. É uma ferramenta útil para entender o contexto estratégico e para o planejamento de potenciais Motores 2 de crescimento.

Com as informações organizadas, é possível partir para o processo de ideação. Nossa experiência na promoção de dinâmicas com esse intuito, em organizações dos mais diversos setores, portes e natureza, nos indica que a modalidade básica recomendável para a geração de ideias é o clássico brainstorming.

O brainstorming é uma técnica de geração de ideias utilizada para estimular o pensamento criativo e resolver problemas. Sua essência é criar um ambiente livre de críticas em que os participantes são encorajados a expressar ideias livremente, não importa quão incomuns ou criativas elas sejam.

Nas páginas 278 e 279 de nosso Framework da Execução, você encontrará o passo a passo de como estruturar uma sessão de brainstorming, porém, por ora, é importante ter em mente que essa técnica é realizada em grupo e uma de suas principais crenças é de que a quantidade leva à qualidade. Assim, é incentivada a geração do maior número possível de ideias, sem censura ou conceitos preestabelecidos.

As ideias dos participantes podem ser construídas umas sobre as outras, levando a soluções mais refinadas e criativas. Todas as soluções apresentadas durante a sessão devem ser registradas para avaliação e análise posterior, quando acontecerá, aí sim, uma análise e refinamento de cada perspectiva sugerida.

Esse recurso também pode ser utilizado no primeiro passo do processo de geração de ideias para a construção de Motores 2 de crescimento: a definição de quais territórios geram mais oportunidades para o desenvolvimento de um projeto inovador, identificados a partir da correlação de todos os achados gerados até aqui.

Território, dentro de uma dinâmica estratégica, deve ser entendido como a área específica de oportunidade de mercado e demandas não atendidas de clientes que a empresa identifica como potencialmente vantajosa para a aplicação de suas capacidades organizacionais. É cada campo de atuação, domínio ou segmento no qual existem possibilidades valiosas para a companhia aplicar suas forças, esforços e recursos na geração de projetos inovadores, maximizando a possibilidade de sucesso na viabilização da inovação.

A escolha desse território levará em consideração tanto as capacidades internas da organização quanto as oportunidades externas do mercado – as duas alavancas-chave de sucesso para projetos dessa natureza.

A definição de território pode variar amplamente de acordo com as oportunidades mapeadas, incluindo segmentos de mercado, tecnologias em específico, áreas de atuação em que a empresa é proficiente, mercados emergentes a serem explorados, entre outras variáveis que não devem ter limites ou restrições.

A incorporação da definição de território, nessa reflexão, ajuda a contextualizar as discussões estratégicas. Ele se torna ponto de partida para a exploração de onde e como a empresa pode aplicar suas capacidades para explorar oportunidades de mercado.

A recomendação é que você retorne à Matriz SWOT e identifique, principalmente a partir da correlação entre as forças e as oportunidades, quais territórios podem ser destacados com o objetivo desenvolver projetos inovadores. A visão de limitações e ameaças auxiliará a entender se esses espaços representam desafios complexos a serem explorados ou se as fraquezas da organização podem gerar uma desvantagem tão grande que torne o processo desencorajador.

Sugerimos a identificação de até três territórios. Selecionar apenas um limita os passos posteriores da reflexão e pode resultar na perda de oportunidades pela falta de aprofundamento em outras possibilidades. Trabalhar com mais de três causará perda de foco e falta de concentração nas nuances de cada dimensão. É mandatório, para que essa reflexão seja bem-sucedida, o aprofundamento da análise em cada possibilidade identificada. Não é recomendável "economizar" tempo ou esforço nessa etapa do processo, pois ela é central para todo projeto.

A partir da identificação dos possíveis territórios, o próximo passo consiste em gerar um processo organizado de ideação, visando entender quais modelos de negócios ou projetos podem ser concretizados a partir das premissas levantadas.

Uma estratégia que contribui para esse processo é, a partir da análise das capacidades e oportunidades, formular perguntas abertas para expandir a geração de possibilidades e alternativas. Novamente uma estrutura como a da Matriz SWOT auxilia esse processo, pois permite gerar enunciados a partir da correlação das fortalezas com oportunidades mapeadas.

Observe como essa estrutura se aplica às referências citadas anteriormente nesta obra. As perguntas formuladas, apresentadas a seguir, são apenas um recurso utilizado para um melhor entendimento. Não existem evidências estruturadas desse modo nesses casos, porém observe como esses enunciados correlacionam capacidades com oportunidades na formação de perguntas exploratórias.

- **Zé Delivery**
    - » **Território** – vendas para o consumidor final.
    - » **Demandas do cliente mapeadas** – desejo de ter acesso a uma cerveja, de preferência gelada, em qualquer lugar em que o indivíduo esteja, com conveniência e rapidez.
    - » **Capacidades da organização mapeadas** – cadeia de pontos de vendas espalhados por todo o país, experiência com marketing na divulgação de produtos massivos e eficiência logística para abastecer seus postos de distribuição.

» **Possível pergunta-chave que deu origem ao projeto** – "E se for possível utilizar a capilaridade do nosso canal de distribuição para desenvolver um modelo que torne possível ao cliente receber sua cerveja no momento e local desejado?"

- **BEES**
  » **Território** – vendas *business to business* (B2B).
  » **Demandas do cliente mapeadas** – necessidade que fornecedores de indústrias diversas têm de atingir mercados pulverizados, compostos, em sua maioria, de pequenos comércios em todo território nacional.
  » **Capacidades da organização mapeadas** – força de vendas existente com capacidade de atingir milhões de pontos de vendas; capacidade logística de atendimento desse universo de empresas composta, majoritariamente, de pequenos comércios, com regularidade e frequência.
  » **Possíveis perguntas-chave que deram origem ao projeto** – "Como é possível potencializar minha capacidade de vendas e logística para atender às demandas dos meus clientes além de meu portfólio de bebidas?", ou "Como é possível gerar novos fluxos de receita com a venda de produtos para meus clientes atuais além de meu portfólio de bebidas"?

- **Eve**
  » **Território** – mercado de mobilidade urbana.
  » **Demanda do cliente mapeada** – necessidade de transporte urbano aéreo eficiente, sustentável e seguro

para criar uma alternativa ao sistema de mobilidade urbano global.

» **Capacidades da organização mapeadas** – expertise técnica em engenharia aeronáutica, design, tecnologia da informação, desenvolvimento de modelos de negócios no setor e conhecimento da adequação de projetos dessa natureza aos rígidos regulamentos globais do setor.

» **Possíveis perguntas-chave que deram origem ao projeto** – "E se utilizássemos toda a nossa expertise e conhecimento no desenvolvimento de projetos aeronáuticos bem-sucedidos para atender à demanda emergente de veículos aéreos urbanos?", ou "Como ampliar nossa oferta de produtos atendendo demandas que vão além do nosso portfólio tradicional?"

A estratégia de formular perguntas exploratórias, tendo como fundamento as informações mapeadas e organizadas nas etapas anteriores do processo, por meio do método do brainstorming, representa uma oportunidade única para, além de gerar ideias transformadoras, unir todos os participantes da reflexão em torno de uma visão uniforme sobre todos os elementos-chave para gerar potenciais Motores 2 de crescimento.

Um exemplo que destaca a eficiência de um Motor 2 de crescimento para um negócio, nascido de um processo parecido, é o que originou a Amazon Web Services (AWS) dentro da Amazon.

A gênese da AWS está ligada a uma reunião interna da Amazon, realizada em 2003, conhecida como "reunião de brainstorming de longo prazo" ou "sessão de brainstorming de Jeff

Bezos". Essas reuniões, que contavam com a presença de Bezos e sua equipe de liderança, eram destinadas a discussões estratégicas sobre a sustentabilidade do negócio tendo como foco a geração de ideias inovadoras para o futuro da empresa. Essas sessões ficaram conhecidas por serem intensas e envolverem a discussão de uma ampla gama de tópicos, desde o aprimoramento dos serviços existentes até a exploração de novas oportunidades de mercado.

Para entendermos o processo que deu origem à AWS é importante remontarmos a maneira pela qual a organização evoluiu desde a sua fundação. Nos seus primeiros anos de vida, a Amazon experimentou um crescimento rápido e a infraestrutura de TI existente tornou-se um gargalo. Isso levou à necessidade do desenvolvimento de sistemas mais eficientes e escaláveis. A empresa começou a trabalhar em um conjunto de ferramentas internas para melhorar a escalabilidade e a eficiência de sua própria plataforma de tecnologia.

Com o passar dos anos, a empresa construiu uma infraestrutura de tecnologia da informação (TI) robusta e escalável para suportar seu crescente negócio de varejo on-line.

Em 2003, Benjamin Black e seu colega Al Vermeulen, ambos engenheiros da empresa, escreveram um relatório interno, no formato de *white paper*, propondo o uso da infraestrutura de computação em nuvem da Amazon para serviços comerciais. Eles argumentaram que a empresa poderia alavancar sua enorme infraestrutura de TI para oferecer serviços de computação em nuvem ao mercado.

A ideia era oferecer essa infraestrutura como um conjunto de serviços para desenvolvedores e empresas, permitindo-lhes acessar a mesma escalabilidade e confiabilidade que a Amazon havia desenvolvido para o seu próprio negócio.

Essas ideias foram discutidas por Jeff Bezos e sua equipe de líderes na sessão de brainstorming, e foram a semente para o que se tornou o AWS. O primeiro passo para o lançamento desse serviço ao mercado compreendeu a adaptação da infraestrutura necessária para oferecer serviços de computação em nuvem e, como resultado dessa adequação, em 2006, a empresa lançou o primeiro serviço dentro desse território: o Amazon S3, que oferecia armazenamento em nuvem para empresas. Ainda naquele ano, foi lançado o segundo serviço, o Amazon Elastic Compute Cloud (EC2), que permitia ao usuário alugar computadores virtuais nos quais podia executar suas próprias aplicações.

Só após o sucesso desses serviços iniciais e a validação da tese de que, realmente, havia um mercado representativo a ser explorado é que a Amazon lançou, ainda em 2006, a Amazon Web Services ou AWS.

Ao longo dos anos, a unidade de negócios continuou a crescer e expandir sua gama de serviços, adicionando novas ofertas como banco de dados, análise, aprendizado de máquina e muito mais.

O êxito do projeto e o pioneirismo da empresa fez com que a AWS se tornasse líder no mercado de serviços de computação em nuvem, desempenhando um papel crucial na transformação da infraestrutura de TI de empresas em todo o mundo. Em 2022, a participação de mercado da empresa no segmento foi de 34%, com uma receita superior a 80 bilhões de dólares.

O lançamento desse projeto foi um momento decisivo não apenas para a empresa, mas também para a indústria de tecnologia, estabelecendo o modelo para serviços de nuvem que muitas outras empresas seguiriam posteriormente.

O Motor 2 da empresa se consolidou e, atualmente, é parte integrante de seu Motor 1, sendo o principal responsável pela sustentabilidade do negócio como um todo. Em 2023, a AWS representou aproximadamente 16% das receitas totais da empresa, porém contribuiu com cerca de 75% da lucratividade da organização, graças às suas altas margens, sobretudo em comparação com a rentabilidade do e-commerce.

Observe como todos os elementos que exploramos para a geração de ideias de Motores 2 esteve presente nesse caso: a definição de um novo território a ser explorado (o de computação em nuvem) a partir de uma capacidade existente na organização (infraestrutura tecnológica) para atender à demanda que o mercado apresentava por tecnologias como essa, já que a internet começava a ganhar tração e a ser fundamental para qualquer organização. O método do brainstorming, tendo como fundamento informações coletadas e organizadas, resultou na estruturação de uma hipótese de negócio que originou a AWS, um potente Motor 2 que não só transformou sua geradora, mas teve um impacto decisivo na própria evolução do ambiente empresarial global.

Existem dois elementos nesse caso que devem ser evidenciados, já que são ensinamentos fundamentais para essa jornada. A infraestrutura tecnológica da Amazon já existia e era uma capacidade não monetizada. Configurava um centro de custo necessário para o bom funcionamento do negócio central da empresa.

A partir do momento que essa capacidade foi mapeada, conectada a uma demanda de mercado e configurada em um produto (posteriormente, uma unidade de negócios), a empresa destravou um ativo, transformando um centro de custo em um centro de receita. Esse movimento foi essencial para a ascensão da Amazon como uma das principais empresas do cenário empresarial contemporâneo.

A infraestrutura da Amazon era um ativo oculto. Esse conceito foi apresentado pelo já citado Chris Zook, parceiro da Bain & Company e colíder da prática global de estratégia da empresa, em seu livro *Imparável*.[40] Segundo o autor, ativos ocultos são ativos e capacidades subutilizados ou não reconhecidos que uma empresa possui e que podem ser alavancados para criar novas oportunidades de crescimento. Esses ativos podem estar escondidos da vista de todos e, muitas vezes, são subestimados ou ignorados pelas empresas, mas têm o potencial de oferecer vantagens competitivas significativas.

Em seu livro, Zook apresenta um estudo que mostra que nove entre dez situações bem-sucedidas de redefinição do núcleo estratégico de empresas pesquisadas foram impulsionadas a partir de ativos ocultos já existentes pela empresa.

Da mesma maneira que a infraestrutura tecnológica da Amazon era um ativo oculto, a capilaridade logística da Ambev ou sua ampla cobertura comercial enquadram-se na mesma categoria e foram destravadas, dando origem a novos fluxos de receita por meio da construção de estruturas de inovação.

É fundamental um olhar diligente na análise das capacidades organizacionais mapeadas para entender se existem ativos que fazem parte dessa categoria, pois são fortes impulsionadores da

---

[40] ZOOK, C. **Imparável**: encontrar os ativos escondidos do seu negócio para promover um crescimento lucrativo. Coimbra: Actual, 2009.

inovação na medida em que a empresa já apresenta expertise consagrada na sua gestão.

O segundo elemento que deve ser evidenciado no caso da concepção da AWS é um aspecto pouco comentado sobre sua evolução.

Quando Jeff Bezos e sua equipe propuseram a ideia do AWS no início dos anos 2000, o conceito de computação em nuvem ainda estava em sua infância e era amplamente desconhecido fora dos círculos técnicos. A Amazon, naquela época, era percebida principalmente como uma empresa de varejo on-line, e a ideia de entrar em um setor tecnológico totalmente diferente parecia arriscada e distante do núcleo central do negócio da empresa.

Inicialmente, a ideia enfrentou ceticismo e resistência interna, pois divergia significativamente do modelo de negócios existente da Amazon. No entanto, Bezos e alguns líderes da empresa como Andy Jassy, atual CEO da organização, estavam convencidos do potencial da computação em nuvem para a alavancagem da companhia e persistiram com a ideia.

Apenas três anos após a concepção da ideia é que as primeiras iniciativas concretas foram ao mercado, gerando os expressivos resultados já citados. Seguramente, a Amazon não seria a mesma organização se não tivesse realizado de modo bem-sucedido essa inovação.

No mercado empresarial não são raras situações similares em que ideias inovadoras, sobretudo as disruptivas, presentes no H1 ou H2, tendem a ser descartadas. Por isso é imperativo que, em todas as fases da etapa de geração de ideias, sejam coletadas todas as sugestões e projetos. É recomendável que se construa um grande repositório de ideias, registrando e armazenando, sem exceção, todas as contribuições.

O sucesso do AWS demonstra como uma ideia inicialmente controversa ou não reconhecida pode evoluir para se tornar um motor de crescimento e inovação capaz de revolucionar não apenas uma organização, mas um segmento ou mercado inteiro.

Nas páginas 282 e 283 de nosso Framework da Execução, você terá acesso a uma ferramenta que contribui para a organização de todas as informações mapeadas, gerando a identificação de ideias para potenciais Motores 2 de crescimento.

Essa prática de gerar e armazenar inúmeras ideias traz a necessidade definidora do próximo passo de nosso roadmap. Quais são as informações que validam as hipóteses de que os projetos identificados têm potencial? Quais referências suportam as teses de negócios detectados durante todo o processo?

4.4. PASSO 4: MAPEAR POTENCIAL DE MERCADO

O objetivo dessa etapa é levantar informações que suportem e validem as perspectivas e hipóteses levantadas na fase anterior e que darão origem a potenciais Motores 2 de crescimento. Essa etapa está intrinsecamente relacionada à próxima, que se dedica à priorização das ideias, pois já contempla um filtro inicial em relação ao universo de possibilidades mapeadas anteriormente.

A intensidade e orientação investidas nessa etapa variará muito de acordo com as ideias mapeadas, sua natureza e particularidades. Em algumas situações, mais distantes do repertório da organização, será necessário um mergulho em profundidade por todas as nuances do projeto envolvendo a adoção de múltiplas ferramentas e acesso a diversos agentes de mercado. Em outras, em que o processo está mais próximo ao negócio e seus líderes têm mais familiaridade com o sistema, a dinâmica não requererá uma investigação tão extensa e demasiada.

Existem inúmeras ferramentas e instrumentos que podem ser utilizados nessa etapa de acordo com o propósito da análise. Alguns dos principais são relacionados a seguir.

- **Análise de mercado**
  Análise detalhada do mercado atual e potencial foco do projeto. Isso inclui a identificação do tamanho do mercado, tendências de crescimento, segmentos de mercado e informações sobre a demanda dos consumidores.

- **Pesquisa competitiva**
  Análise dos concorrentes atuais e potenciais para entender suas forças e fraquezas, estratégias e posicionamento. Isso ajudará a identificar lacunas que as ideias mapeadas podem preencher nos respectivos mercados e espaços que devem ser evitados devido a sua dinâmica competitiva.

- **Feedback do cliente e pesquisa de mercado**
  Realização de pesquisas de mercado ou abordagens diretas a clientes para obter feedbacks dessa fonte, sem intermediários, visando validar as premissas identificadas.

- **Tendências e previsões**
  Análise das tendências emergentes e previsões de mercado que podem impactar o potencial de mercado das ideias mapeadas.

- **Colaboração com especialistas do setor**
  Consulta a especialistas do setor para obter insights aprofundados e conselhos sobre as condições e potencial de mercado.

Além desses, a organização pode recorrer a outras estratégias e instrumentos que sejam válidos para obter o maior número possível de informações e dados que lhe permitam ter uma compreensão detalhada e racional do potencial de mercado para as ideias mapeadas. Essa etapa é fundamental para a evolução do projeto, já que permitirá uma tomada de decisões mais estratégica, fugindo do risco de um processo decisório baseado apenas na opinião de algumas pessoas.

Nas páginas 284 e 285 de nosso Framework da Execução, você encontrará a descrição de checklists que lhe auxiliam no direcionamento dessa busca de informações.

Um caso de projeto com essas características, que evoluiu no Brasil, o de uma organização que faz parte de uma das maiores multinacionais do seu segmento, nos traz boas referências sobre como esse processo de mapeamento de mercado pode envolver agentes externos de maneira virtuosa.

A MSD (Merck, nos Estados Unidos e Canadá) é uma das empresas mais tradicionais da indústria farmacêutica mundial. Fundada nos Estados Unidos, em 1891, tinha o foco em distribuir produtos químicos finos em Nova York e áreas vizinhas e evoluiu para a pesquisa e produção de medicamentos, consolidando-se como uma das principais organizações do setor, com faturamento global de cerca de 60 bilhões de dólares (em 2023).

Na década de 1940, a empresa iniciou sua atuação na área de saúde animal e, ao longo dos anos, desenvolveu de maneira bem-sucedida produtos veterinários e vacinas para animais, transformando-se em uma das líderes desse segmento. Em 1957, a MSD (saúde humana) iniciou suas operações no Brasil. O negócio de saúde animal progrediu com o passar do tempo, adquirindo representatividade relevante no país ao longo dos anos.

Em meados de 2015, os líderes da organização perceberam que a evolução de tecnologias emergentes poderia trazer importantes benefícios aos clientes, além de significativas oportunidades de crescimento. Para entrar nessa arena, criou-se uma *corporate venture capital* (capital de risco corporativo), modelo de inovação dedicado a prospecção, avaliação e investimentos em soluções tecnológicas. Com a aquisição da Antelliq Corporation, em 2019, a empresa passou a contar com um portfólio de tecnologias para identificação, rastreamento e monitoramento para a pecuária e para animais de companhia. A partir daí, a MSD Saúde Animal já adquiriu mais de dez empresas de soluções tecnológicas complementares ao seu negócio.

O entendimento de que essas mudanças causariam impacto decisivo no futuro do setor e de que era necessário manter o protagonismo da MSD Saúde Animal de modo sustentável a longo prazo levou a alta liderança a incentivar a adoção de diversas iniciativas em todo o mundo, destinadas a desenvolver novas soluções e modelos para atender às demandas emergentes da economia global.

Foi em 2020 que a operação da MSD Saúde Animal no Brasil, sob a liderança de Delair Bolis, criou a diretoria de estratégia e inovação, um modelo inédito no grupo, destinado a integrar todos os esforços inovadores com a estratégia da organização, visando construir as bases futuras da sustentabilidade da empresa. Um dos principais objetivos dessa unidade é refletir sobre iniciativas que alavanquem o crescimento da organização, indo muito além das estruturas convencionais e de sua evolução orgânica. Com isso, a MSD Saúde Animal desenvolveu uma instância que tem seu foco dirigido à estruturação de Motores 2 que levarão a empresa a outro patamar, ao mesmo tempo que o sistema organizacional existente orienta seus esforços para a manutenção e fortalecimento do Motor 1.

Essa área ficou sob responsabilidade de Jayme Alexandre de Lima, que liderou uma iniciativa de avaliação de mercado e projeção de cenários para entender como as diversas tecnologias, mudanças sociais e regulatórias, bem como as variações no padrão de consumo, impactariam ou poderiam impactar o negócio no futuro. Um dos insights mais poderosos desse processo foi oriundo da análise do comportamento do cliente da MSD Saúde Animal, uma das alavancas de sucesso desse modelo. Quando um produtor adquire qualquer produto da companhia, como um carrapaticida, sua demanda vai além do bem-estar do animal e da eliminação do carrapato. O cliente está buscando obter maior rentabilidade para o seu negócio. Assim, em última análise, uma das necessidades centrais a serem atendidas por esse agente em seu relacionamento com a MSD Saúde Animal é obter mais performance por meio dos produtos da organização.

Esse achado promoveu uma reflexão mais abrangente sobre o papel e as responsabilidades da empresa: se o objetivo da MSD Saúde Animal é gerar mais performance aos seus clientes, quais são as outras maneiras, com potencial de desenvolvimento, que podem contribuir na geração de maior rentabilidade ao negócio desse agente? Observe, mais uma vez, o poder das perguntas transformadoras. Para explorar essa reflexão, a companhia orientou-se à análise de suas principais capacidades organizacionais, a segunda alavanca de sucesso, e concluiu que existem diversos atributos que lhe conferem a possibilidade de expandir seus tentáculos a outros territórios. Por exemplo, a empresa faz parte de uma companhia multinacional, com experiência centenária em saúde humana e animal. Seu universo de colaboradores é composto de milhares de indivíduos que detêm conhecimentos profundos e relevantes em diversas áreas.

Além disso, ao longo dos anos, a organização desenvolveu e adquiriu acesso à tecnologia de ponta destinada a desenvolver produtos para atender às necessidades de seus clientes. Sua capilaridade e relevância global permitem que a companhia faça parte de um ecossistema externo composto de inúmeros agentes em todo o mundo. Esse universo tem um enorme potencial de complementação de suas competências e tecnologias, indo além do foco restrito à sua clássica cadeia de valor tradicional.

Ao correlacionar as demandas de mercado mapeadas com suas capacidades organizacionais, a empresa começou a desenvolver a tese de que poderia estruturar um negócio de consultoria, desenvolvendo soluções estratégicas para seus clientes em diversos temas. Um autêntico Motor 2 de crescimento que vai além das adjacências do negócio central de vacinas e medicamentos, transformando a empresa em uma organização de serviços. Essa reflexão levou ao reconhecimento de grandes territórios possíveis para atuar, desde inovação, bem-estar animal, sustentabilidade, transformação digital, planejamento estratégico, acesso a novos mercados, desenvolvimento de pessoas, entre outros. Cada um desses temas foi mapeado junto ao mercado para entender as condições ideais de sua evolução.

Uma das estratégias utilizadas para validar a tese foi a realização de projetos-piloto para empresas que são referência em cada um dos temas do escopo dessa consultoria. Por exemplo, para inovação e desenvolvimento de pessoas, trabalharam com a Seara; para sustentabilidade, com a Danone; e assim por diante. O racional por traz dessa abordagem é que se conseguissem agregar valor, por meio do novo projeto, para empresas de referência nos territórios mapeados, a MSD Saúde Animal teria condições de prosperar com a solução em organizações com características similares em seu mercado. Conforme a validação das premissas do projeto, com essas referências, foi obtido êxito e os indicadores de desempenho foram sendo atingidos, a empresa foi conquistando mais confiança de que seria possível implantar soluções similares junto dos demais clientes.

Como consequência desse processo, foi estruturada a frente de soluções estratégicas da MSD Saúde Animal dentro da diretoria de estratégia e inovação. Essa divisão atua com serviços de consultoria para os segmentos veterinário, agropecuário, *pet* e varejista, com o objetivo de oferecer mais rentabilidade e performance para seus clientes.

Foi definida uma equipe dedicada a essa unidade, que foca integralmente o desenvolvimento e a execução de projetos para seus mais diversos tipos de clientes. Essa equipe se utiliza tanto das competências internas da companhia quanto das tecnologias que a empresa tem à disposição globalmente, sejam elas oriundas da própria organização, sejam complementadas por *players* externos, explorando todo potencial do ecossistema do qual a companhia participa.

Essa iniciativa tem autonomia de ação, porém foi alocada dentro da estrutura já existente na organização, tornando possível explorar todo o potencial que suas capacidades organizacionais oferecem ao projeto, ao mesmo tempo que contribui para que a empresa descubra e desenvolva os motores de crescimento futuro derivados desse aprendizado.

Não existem evidências formais ou declarações oficiais da empresa sobre o tema, porém é possível que o sucesso de um projeto com essas características possa dar origem a uma nova organização totalmente autônoma e independente, como foi o processo de formação da Eve com a Embraer.

Essa estratégia ilustra como a MSD Saúde Animal adota a ambidestria na gestão de seu negócio ao abordar o desafio de inovação focando tanto a exploração de seu projeto principal quanto o desenvolvimento de novos motores de crescimento. Esse enfoque fica evidente no campo da consultoria estratégica, marcando um avanço significativo no setor de saúde animal.

No que tange ao mapeamento de mercado, ao testar soluções com empresas reconhecidas em suas especialidades, foi possível validar conceitos e assegurar que as ofertas idealizadas atendam às necessidades dos clientes. O caso também demonstra como desde o início da concepção do projeto a captura de informações sobre todo o contexto foi fundamental para a geração de insights valiosos que sustentaram todo o processo de desenvolvimento e validação das ideias concebidas.

A iniciativa de mapeamento de mercado pode significar o descarte de projetos que a princípio faziam muito sentido, mas que não passaram na prova de validação. Essas ideias não devem ser eliminadas definitivamente, e sim registradas para consulta posterior, já que as condições de mercado mudam constantemente e, no futuro, pode existir um terreno mais fértil para sua implantação. A despeito da não validação de alguns projetos, o mais usual é que, mesmo após essa etapa, mais de uma ideia demonstre potencial para evolução.

Considerando que qualquer organização possui recursos limitados para implantação e desenvolvimento de qualquer projeto, é necessário inserir mais uma camada na análise, antes da etapa de execução, que consiste na priorização das ideias mapeadas.

Nessa etapa, será construída uma visão clara e racional de quais projetos devem receber atenção prioritária em detrimento de outras iniciativas.

4.5. PASSO 5: PRIORIZAR IDEIAS

Um dos principais desafios na formulação de qualquer estratégia é fazer escolhas. Essa lógica se aplica integralmente no processo do desenvolvimento de Motores 2 de crescimento. Quando movimentos como esse são promovidos, é muito usual que um universo representativo de possibilidades emerja como resultado do estímulo gerado.

A falta de clareza e foco de quais iniciativas são prioritárias pode resultar na carência de esforços concentrados em prol dos projetos que apresentam condições mais favoráveis para sua implantação. Como consequência, o sistema de implantação da ideia é falho, e os resultados atingidos ficam distantes do modelo ideal, culminando com uma dúvida quase insolúvel:

o projeto não foi exitoso porque a ideia não tem valor comprovado ou devido a falhas no processo de execução?

Ter uma perspectiva racional na priorização de todas as ideias mapeadas é um imperativo para decidir quais apostas a organização fará, garantindo as condições ideais para um sistema de execução que prime pela excelência, e que esteja alinhado com os recursos existentes e o momento atual da companhia.

Diversas estruturas podem contribuir para uma estruturação lógica e mais isenta possível desse processo. Recomendamos duas estruturas, que podem ser complementares, para lhe auxiliar nesse processo: a Matriz de Priorização e o Ranking de Priorização. Apresentamos detalhadamente como estruturá-las em nosso Framework da Execução, nas **páginas 288 e 289**.

A Matriz de Priorização é uma estrutura bastante simples. É gerado um gráfico com duas dimensões. O eixo horizontal é definido como "esforço", variando de baixo a alto; no eixo vertical fica localizado o "impacto", variando da mesma maneira.

Para que a análise seja o mais completa e segura possível, é importante que, previamente, cada organização defina de modo claro o significado desses dois vetores de acordo com sua realidade.

Para a definição de "esforço", é possível ponderar a respeito de diversos fatores que influenciam e definem essa variável, tais quais:

- disponibilidade de pessoas;
- capital financeiro;
- complexidade da solução em relação ao conhecimento atual da companhia;

- tempo para implementação;
- impacto na operação atual;
- riscos associados ao novo projeto;
- necessidade de treinamento e capacitação;
- apoio de stakeholders (acionistas, conselheiros, colaboradores, agentes externos etc.);
- compatibilidade com a estratégia da empresa etc.

"Impacto" pode estar relacionado a elementos como:

- impacto financeiro;
- benefícios ao cliente;
- contribuição para implementação de cultura de inovação;
- influência no mercado e na concorrência;
- relação com o cumprimento dos objetivos estratégicos da empresa;
- impacto na reputação e marca da organização;
- capacidade de atrair ou reter talentos para o negócio etc.

Não existe uma fórmula predefinida para a determinação dessas variáveis. A recomendação é que, antes do processo de análise de cada ideia, elas sejam definidas de maneira coesa por todo grupo. Esses elementos, quando estruturados de modo racional, ajudarão a determinar o impacto potencial dos projetos ideados, permitindo que a empresa tome decisões mais racionais e científicas sobre quais devem ser priorizados, com base no valor que podem agregar e nos desafios de sua implementação, em detrimento de opiniões individuais baseadas em percepções pessoais.

Ao organizar todas as ideias na matriz, a organização terá uma visão clara de quais ideias devem ser secundarizadas de imediato, pois demandam alto esforço e têm baixo impacto.

Além disso, todos os envolvidos terão uma perspectiva racional de quais ideias têm mais condições de ser priorizadas de acordo com o status da organização. Evidentemente, enquadram-se nessa categoria as "raras" ideias de alto impacto e baixo esforço, mais conhecidas como "frutas maduras", pois devem ser coletadas imediatamente (do mesmo modo, aquelas de baixo impacto e baixo esforço já devem ser colocadas no repositório de ideias para consulta posterior).

Os quadrantes que mais demandam atenção são os de alto impacto e baixo ou alto esforço. A decisão sobre quais ideias categorizadas nesses quadrantes devem ser priorizadas é muito particular e envolve uma discussão profunda entre todos os participantes do projeto. Em geral, recomenda-se iniciar os esforços pelas ideias que demandam menos esforço e complexidade, pois é uma maneira de a organização aprender com a sua evolução e preparar-se para saltos maiores.

No entanto, existem outras variáveis como urgência no processo de implantação do novo projeto e o risco de que a ideia seja implantada por concorrentes, o que pode definir a priorização de projetos mais complexos em detrimento dos mais simples.

A maior contribuição dessa estrutura é oferecer uma perspectiva racional para o processo de priorização das ideias, porém a decisão final sempre será realizada por indivíduos que utilizam todo seu potencial cognitivo para inserir dimensões que vão além do mapeamento racional.

OUTRA ESTRUTURA SIMPLES QUE CONTRIBUI PARA OFERECER SUBSÍDIOS MAIS OBJETIVOS A ESSA TOMADA DE DECISÕES, QUE É COMPLEMENTAR À MATRIZ DE PRIORIZAÇÃO, É O RANKING DE PRIORIZAÇÃO.

Esse esquema tem como objetivo organizar uma visão que correlacione as ideias geradas com as capacidades organizacionais e oportunidades de mercado mapeadas nas etapas anteriores.

Por meio de uma tabela, são organizadas todas as ideias geradas no eixo vertical. No horizontal são posicionadas as capacidades e oportunidades mapeadas anteriormente. Utilizando uma matriz de 1 a 5, em que 5 considera a maior adequação e 1 a menor, são concebidas notas a cada uma das dimensões em relação a cada ideia. Por exemplo, qual é a importância, para aquele projeto, de determinada competência organizacional ou como ele se relaciona com alguma oportunidade de mercado identificada.

Ao final desse processo, será possível definir uma nota geral para cada projeto que é a resultante da somatória das avaliações individuais. Com isso, cada ideia terá um *rating* e, quando todas forem inseridas e categorizadas, será formada uma visão geral do ranking de todos os projetos de acordo com as variáveis mais relevantes identificadas previamente.

A análise desse resultado não pode ser restritiva, definindo que a ideia com maior nota será obrigatoriamente selecionada para implantação imediata. Da mesma maneira que a Matriz de Priorização, esse instrumento é uma ferramenta que auxilia o processo decisório, e não uma instância que define uma sentença por si só.

Além da qualificação geral das ideias, a formação do ranking pode gerar insights que incrementam o potencial de cada projeto. É possível, por exemplo, que sejam expostas lacunas ou oportunidades de desenvolvimento de novas funcionalidades com potencial de torná-lo superior ao modelo original, como a identificação de alguma nova função que pode ser planejada para atender a alguma demanda mapeada que não havia sido contemplada na ideia inicial.

Além de ser fundamental para uma visão coesa e racional sobre a tomada de decisões, a promoção de dinâmicas utilizando estruturas como essas contribui para aumentar o engajamento dos indivíduos da organização com as definições realizadas durante todo o processo. A tendência é que aumente o nível de comprometimento com projetos dessa natureza a partir do envolvimento proativo de pessoas com as iniciativas relacionadas a essa frente estratégica.

Todas as informações geradas nas etapas anteriores, como a definição de capacidades, limitações, oportunidades, Matriz SWOT, mapeamento de mercado, entre outras, são base para a construção das estruturas prioritárias, pois fundamentam toda reflexão.

A partir da categorização de todas as ideias é necessário que sejam definidas as prioridades para execução. A quantidade de ideias que evoluirão para a próxima etapa do processo dependerá da alocação de recursos disponíveis na organização. Em nossa experiência, sempre enfatizamos a visão de que "primeiro é necessário ter profundidade para, a partir daí, seguir para a abrangência". Ou seja, na dúvida, recomenda-se primar por poucas escolhas (talvez selecionando apenas um projeto no começo do processo) para não correr o risco de não investir a profundidade necessária para sua execução com excelência. De qualquer modo, essa é uma questão muito particular de cada organização e o contexto deve nortear a decisão de acordo com suas próprias perspectivas.

Há uma ferramenta utilizada em métodos ágeis que pode ser utilizada com o objetivo de dar visibilidade a todo o processo de priorização das ideias, organizando-as em uma linha do tempo. Além disso, esse instrumento auxilia a empresa a manter um repositório de ideias sempre ativo pronto para ser revisitado constantemente como um *backlog* de iniciativas, uma lista compilada organizada para execução de maneira temporal.

Essa ferramenta organiza as ideias em **now**, **next** e **later**.

- As ideias **now** são as prioridades imediatas.

- As **next** são as que estão na fila prioritária. Assim que a organização liberar recursos, elas entram em execução.

- As **later** são as que estão no *backlog*, mas não são urgentes. Devem ser observadas continuamente, pois mudanças no contexto podem fazer com que elas sejam priorizadas.

A organização das ideias desse modo contribui para que nenhuma seja perdida ou descartada. A partir de um processo formal de revisita a essa lista (que deve acontecer periodicamente), é gerado dinamismo quanto à continuidade do fluxo de ideação e execução de novos projetos.

A história mostra inúmeros casos de inovações, como o da Amazon AWS, que levam um tempo maior para a maturidade e ganham relevância de acordo com a evolução das condições de mercado. Algumas dessas ideias foram adotadas previamente dentro da própria empresa para, a partir dessa validação, estarem prontas para ser lançadas ao mercado. Se fossem eliminadas na sua origem, não obteriam o êxito que obtiveram.

Um dos produtos mais bem-sucedidos do Google está enquadrado nessa visão. A história do Gmail, um dos serviços de e-mail mais populares do mundo, começou bem antes do seu lançamento oficial em 2004.

Tudo teve início em 2001, quando o engenheiro do Google Paul Buchheit começou a desenvolver um serviço de e-mail que, a princípio, deveria ser usado apenas internamente, pelos funcionários da empresa; por esse motivo, seu lançamento no mercado levou mais de três anos. O foco inicial era testar e aperfeiçoar o produto dentro da própria empresa antes de torná-lo público.

Buchheit, que já tinha experiência na criação de serviços de *webmail* nos anos 1990, observou as principais deficiências dos serviços existentes na época, como Yahoo! Mail e Hotmail, e se concentrou em superá-las. Entre as principais melhorias estavam uma interface mais rápida e limpa, maior espaço de armazenamento e integração com o mecanismo de busca do Google.

Na época, o Google já estava desenvolvendo outros produtos e projetos com ênfase na evolução das funcionalidades e modelos de negócios de seu mecanismo de busca. Sob essa perspectiva, o Gmail não se enquadrava nas prioridades da organização, que ainda estava no processo de consolidação de seu projeto principal.

O produto foi lançado em abril de 2004, explorando uma demanda latente de mercado na época: a necessidade que os usuários tinham de mais espaço para armazenamento de dados, condição derivada de um mundo que começava a testemunhar a explosão do uso da internet.

Enquanto seus concorrentes ofereciam de 2 MB a 4 MB, o cliente do Gmail tinha acesso a 1 GB de espaço de armazenamento gratuito. Além desse benefício, a eficiência no combate ao *spam* e a velocidade aprimorada do serviço eram características diferenciadoras em relação às opções existentes.

Inicialmente, o acesso ao Gmail era restrito e feito apenas por convite. Isso criou certa exclusividade e até gerou um mercado clandestino de convites. O serviço permaneceu em sua versão beta por cerca de cinco anos, até ser oficialmente lançado em sua versão definitiva, em 7 de julho de 2009.

O Google não eliminou a ideia quando concluiu que ela não seria priorizada. Ela permaneceu em um *backlog* de iniciativas, foi testada internamente e, a partir de uma análise da evolução do mercado, foi lançada com um plano de execução primoroso que envolveu uma estratégia de marketing ousada, envolvendo o acesso ao produto por meio de indicações. Todas essas condições só foram possíveis graças a um maior estágio de maturidade do mercado. Essa é uma condição central na decisão sobre o *timing* de implantação de uma inovação, e não é diferente no processo de evolução de Motores 2 de crescimento.

Até aqui, todas as etapas de nosso roadmap tiveram como orientação principal o processo de ideação de iniciativas e projetos. A partir do momento em que um ou mais projetos são selecionados como prioritários, é necessário definir, de maneira clara e estratégica, os passos para sua execução com excelência. Os próximos três passos do nosso esquema se dedicam a trazer referências sobre como as organizações devem se organizar para desenvolver um plano de execução com excelência para viabilização do seu Motor 2 de crescimento. Afinal, ideia sem execução é alucinação.

4.6. PASSO 6: DEFINIR ESTRUTURA

A primeira etapa desse plano de execução consiste em definir a estrutura que conduzirá a efetivação do projeto. Como na maior parte dos componentes de nosso esquema, aqui também não há uma resposta definitiva e única para o formato a ser selecionado por cada organização.

A despeito dessa flexibilidade de modelos, está claro que um erro comum observado em modelos malsucedidos de execução de projetos de inovação consiste na ausência de uma estrutura definida e dedicada à evolução de todo o processo. Nesse sentido, um erro bastante comum é a inserção das iniciativas de inovação no mesmo patamar e instância que as ações da rotina do negócio. Inevitavelmente, como já citado no capítulo 3, quando apresentamos a visão prática de Pedro Bueno, o sistema de gestão atual sabota, por vezes de maneira inconsciente, a inovação, na medida em que é um corpo estranho ao seu padrão usual.

Partindo do pressuposto da necessidade de segregar, relativa às atividades do Motor 2 da organização, o que varia são as possibilidades de estruturas de inovação passíveis de ser implementadas.

Algumas empresas optam por construir estruturas dedicadas para o fomento da inovação e, como consequência, evolução de seus Motores 2 de crescimento. Enquadram-se nesse caso os laboratórios de inovações.

Essas estruturas funcionam como uma incubadora de ideias e se dedicam a zelar pela sua evolução até o momento em que estejam maduras para um voo solo. Observamos esse modelo no caso Eve, que foi incubado no laboratório de inovação da Embraer, o EmbaerX, e também nos casos do BEES e Zé Delivery, que foram gerados na ZX Ventures, laboratório de inovação da Ambev.

Importante resgatar um aprendizado já explorado anteriormente e que é central para qualquer modelagem de execução de Motores 2. A despeito da mandatória autonomia, as estruturas do negócio atual e de inovação devem ser interdependentes, pois, do contrário, não será possível explorar todas as capacidades e aprendizados da empresa na gestão do novo projeto. Já existem experiências claras (exploraremos uma delas em detalhes no próximo capítulo) demonstrando que o distanciamento dos negócios gera uma disfunção no processo de desenvolvimento da inovação e, como consequência, tende a não cumprir seu papel.

Até devido a essa busca pelo aproveitamento das sinergias, outras organizações, como a MSD Saúde Animal, optam por, mesmo que mantendo autonomia da divisão, manter o Motor 2 inserido na estrutura organizacional atual da empresa. Essa decisão está ligada à maturidade do projeto e da organização, além de vislumbrar quais demandas são imperativas para a sua evolução, sobretudo em seus estágios iniciais.

Um dos casos que exploraremos em profundidade no capítulo seguinte é o do iFood, em que demonstraremos como a empresa fez essa opção buscando introjetar a iniciativa de formação constante e frequente de projetos inovadores dentro de suas próprias fileiras. A empresa utiliza a metáfora do Jet Ski para tangibilizar sua visão a respeito desse aspecto.

De acordo com essa metáfora, o Motor 1 da empresa é representado por um grande navio robusto e sólido que, se por um lado, garante estabilidade, por outro lado, tem dificuldade de mudar de direção rapidamente. Para que seja possível introjetar transformações nessa jornada, o iFood sugere que sejam lançados Jet Skis no oceano. Esses equipamentos representam inovações e Motores 2 de crescimento, e assumem o modelo de células dedicadas, dentro da própria empresa, que têm como orientação clara a validação de novas teses de negócios.

Quando algum desses Jet Skis valida suas hipóteses de negócios e demonstra seu potencial mercadológico, ele retorna à nave mãe pronto para ser executado por uma estrutura robusta e de alta penetração de mercado, buscando seu crescimento escalável.

No capítulo dedicado ao caso iFood exploraremos em mais detalhes essa estrutura, porém ela já nos dá mostras de como é possível ter uma modelagem de execução do Motor 2 próxima ao Motor 1, porém com independência e autonomia.

Aqui, cabe um aspecto central nessa modelagem que foi apresentado por Pedro Waengertner, grande empreendedor, fundador, entre outros negócios, da ACE, principal aceleradora de startups do Brasil, que deu origem à ACE Cortex, uma das mais relevantes consultorias de inovação da atualidade.

Convidado para um dos workshops que comumente promovemos, Pedro fez um alerta a todos os participantes: "Equipes pequenas inovam. Equipes grandes escalam".

Esse princípio é central para o desenvolvimento de qualquer inovação e ganha

> **"EQUIPES PEQUENAS INOVAM. EQUIPES GRANDES ESCALAM."**

relevância fundamental na estruturação de Motores 2 de crescimento. O projeto deve começar com uma equipe dedicada e enxuta que reúna indivíduos com todas as especialidades necessárias para sua evolução. É de responsabilidade desse grupo todo o desenvolvimento do projeto, do início até sua validação final.

Essa estrutura só se expandirá e atingirá o sistema organizacional atual da corporação se as hipóteses previamente mapeadas quanto à evolução da ideia forem validadas e o projeto estiver pronto para ser escalado em um nível de maturidade adequado para ir ao mercado (como no caso do Google com Gmail). Utilizando a metáfora do iFood, é quando o Jet Ski retorna ao navio e, aos poucos, contribui para a mudança de direção na estrutura central do negócio.

Confundir essas duas relações (escala e inovação) pode representar a sentença de morte de projetos promissores, pois resvala no mesmo risco, mapeado anteriormente, de misturar as atividades rotineiras do negócio com aquelas orientadas a um projeto inovador.

Até como consequência dessa preocupação, algumas organizações optam por apartar o Motor 2 das operações convencionais do negócio, estruturando outra entidade que se dedicará exclusivamente a gerir o novo projeto. Esse modelo é especialmente comum quando a empresa já teve a oportunidade de validar importantes premissas de mercado percorrendo todas as etapas anteriores com o projeto e está segura quanto às perspectivas concretas dos resultados potenciais da iniciativa. Essa é uma dimensão muito comum quando o Motor 2 se enquadra na categoria de um ativo oculto, uma vez que, nesses casos, a evolução de seus principais parâmetros já aconteceu e foi validada dentro dos quadros da própria empresa.

Uma iniciativa recente, de uma empresa secular, que se enquadra nessa categoria está sendo gerada no complexo setor de energia no Brasil. Essa história remete à jornada do Grupo Votorantim, um dos conglomerados empresariais mais tradicionais e relevantes do Brasil, fundado em 1918. Inicialmente, a empresa se dedicou a atuar no negócio de tecidos, porém, ao longo dos anos, expandiu significativamente suas operações para incluir uma ampla gama de setores como materiais de construção, finanças, alumínio, energia renovável, metais, mineração, suco de laranja, aço longo e infraestrutura. O grupo é conhecido por sua governança corporativa e atuação em diversos países, mantendo um modelo de negócio focado no investimento de longo prazo e na sustentabilidade.

Como fruto do sucesso da expansão do conglomerado, de sua escala e da diversidade das operações, o Grupo registrou uma receita líquida, em 2022, de aproximadamente 53 bilhões de reais. Desde o início da Revolução Digital por volta dos anos 2000, a organização sempre esteve muito atenta ao impacto das transformações em seu negócio e, de lá para cá, muitos novos projetos e negócios emergiram como fonte dessa orientação, como o Banco BV.

Um negócio que começa a tomar forma em 2018, no entanto, teve sua origem como um clássico ativo oculto de uma capacidade que suporta boa parte do Motor 1 da organização.

Uma das capacidades organizacionais fundamentais para o grupo sustentar suas próprias operações industriais, como cimento, alumínio e metais, é a gestão energética. Ao longo dos anos, a empresa foi se especializando cada vez mais nessa modalidade, já que é um dos elementos de maior impacto na composição do custo de seus produtos e, como essas operações industriais se enquadram na categoria de commodities, apresentam uma margem de lucratividade baixa.

A combinação do impacto financeiro com a relevância desse modal para a continuidade das operações industriais, aliada às demandas ambientais da sociedade, fez com que a empresa desenvolvesse larga experiência em gestão de energia. Esse know-how é reconhecido internacionalmente, pois a organização tornou-se referência mundial em gestão energética, um típico ativo oculto, já que estava sendo monetizado.

Entendendo a relevância e a complexidade dessa atividade, em 2000, a empresa criou a Votorantim Energia, unidade destinada a gerenciar a energia necessária para as operações do grupo. Com o tempo, a empresa expandiu suas atividades, incluindo a geração de energia renovável, como a eólica, e também começou a comercializar energia com outras empresas.

Em 2018, a empresa participou do processo de privatização da CESP, companhia estatal que operava a hidrelétrica de Porto Primavera, e venceu a concorrência por meio de uma parceria com a Canada Pension Plan Investment Board (CPPIB), o braço de investimentos do fundo de pensão do Canadá. Esse novo projeto adicionou uma capacidade significativa de geração de energia hidrelétrica ao portfólio do grupo e incentivou uma nova reflexão, ainda mais ambiciosa, para o crescimento do projeto.

Esse movimento, aliado à consolidação da expertise do grupo na gestão energética, promoveu o entendimento de que havia uma oportunidade relevante de mercado e a chance de transformar esse ativo oculto em um novo fluxo de receitas para a companhia. Essa lógica se fundamentava na visão de que há uma demanda importante por esse tipo de recurso não apenas em empresas com o mesmo perfil da Votorantim, mas em diversos segmentos que necessitam de uma boa gestão energética para a continuidade e maior rentabilidade de suas operações.

Em 2022, a empresa decidiu unir as operações da CESP e da Votorantim Energia, criando a Auren Energia. Essa integração permitiu o surgimento de uma das maiores plataformas de energia renovável do Brasil, com capacidade instalada de 2.659 megawatts, combinando a experiência em geração de energia hidrelétrica e eólica.

Os resultados não tardaram a aparecer e, já no primeiro ano de operação, a empresa atingiu uma receita líquida de cerca de 6 bilhões de reais e um lucro aproximado de 2 bilhões de reais. O valor de mercado da empresa, em 2023, oscilou entre 13 e 15 bilhões de reais.

A Auren é um autêntico Motor 2 do Grupo Votorantim, já que se concentra em um novo negócio que vai além do core business da organização. A partir da combinação da capacidade da empresa em geração de energia, especialmente hidrelétrica (além das novas capacidades em energias renováveis, como eólica e solar), a companhia desenvolveu um projeto capaz de capturar um valor adicional de seu ecossistema impactando um novo mercado, com novos clientes.

As premissas do negócio haviam sido validadas anteriormente por meio da atuação da Votorantim Energia, porém, com um foco exclusivo e gestão autônoma, a empresa conseguiu acelerar o processo de expansão do novo negócio.

Além de gerar um novo fluxo de receita consistente, o Motor 2 da Votorantim é fundamental para a sustentação futura do

Motor 1. Além de as empresas do grupo serem alguns dos principais clientes da Auren, o que lhes assegura a orientação em uma gestão eficiente da energia, o foco global em sustentabilidade e a transição energética para fontes mais limpas e renováveis são um elemento central para o futuro dos principais segmentos em que a empresa atua e que demandam desse recurso como elemento fundamental para seu funcionamento.

Se a empresa optasse por concentrar esses esforços de diversificação e busca por novos caminhos no mesmo nível que a gestão do negócio central, poderia perder a oportunidade e dispersar do foco no seu core. Ao destinar esforço e investimentos a um novo motor, com estrutura autônoma e independente, o grupo consegue obter uma orientação mais precisa e estratégica para a evolução dessas iniciativas, além de criar uma nova fonte de lucratividade essencial para um negócio que envolve capital intensivo.

O modelo de formação de estruturas autônomas e independentes para a implantação de Motores 2 de crescimento, em boa parte das vezes, envolve uma maior complexidade e investimentos iniciais mais altos, o que faz com que seja necessário um processo prévio de validação das hipóteses que garanta uma maior eficiência no investimento. Os riscos de insucesso sempre existirão, já que são inerentes a qualquer inovação, porém a experiência prévia ajuda a mitigar esses riscos, uma vez que boa parte das hipóteses, sobretudo aquelas relacionadas à estruturação da oferta, já foi ratificada.

Uma estrutura que guarda semelhanças com a formação de unidades autônomas para a implantação de Motores 2 também traz consigo a perspectiva de mitigação de riscos e diminuição da curva de aprendizado com novos projetos. A composição de parcerias estratégicas com outras empresas na formação de novas entidades destinadas a liderar a execução de novos projetos é uma modelagem utilizada por algumas empresas.

Essa estrutura visa compartilhar capacidades organizacionais entre distintas organizações, garantindo compartilhamento de ativos e expertises para formação de propostas de valor mais robustas. A lógica da dinâmica reside no valor da complementaridade obtida com a união de companhias que detêm propriedades análogas, mas de natureza distintas.

A viabilização bem-sucedida de modelos como esse implica o desenvolvimento da capacidade organizacional de gestão de parcerias por todas as empresas envolvidas. Essa é uma demanda, aparentemente trivial, porém a experiência prática mostra que envolve uma governança bastante particular e rigorosa, já que compreende, além de sistemas de gestão e prioridades distintas dos parceiros, culturas particulares de cada um dos envolvidos. A falta de cuidado dessa integração é um dos principais motivos de iniciativas como essa não obterem êxito.

Estruturas que envolvem a união de empresas na composição de Motores 2 são complexas, mas tendem a oferecer resultados expressivos quando bem geridas. Um modelo complementar ao das parcerias, que considera um nível de relacionamento mais profundo, acontece quando uma companhia entende que, para viabilizar seu novo negócio, são demandadas capacidades organizacionais que levarão tempo para serem desenvolvidas, sendo mais relevante sua aquisição para diminuir essa curva de aprendizagem. Essa reflexão leva ao movimento de formação de Motores 2 por meio de aquisições.

ALGUMAS EMPRESAS OPTAM POR CONSTRUIR ESTRUTURAS DEDICADAS PARA O FOMENTO DA INOVAÇÃO E, COMO CONSEQUÊNCIA, EVOLUÇÃO DE SEUS MOTORES 2 DE CRESCIMENTO.

@SANDROMAGALDI
@JOSESALIBINETO

Nos próximos capítulos nos aprofundaremos nessa estratégia ao apresentar em detalhes o caso de uma empresa que se transformou em referência global nessa modalidade: a Cisco.

A estratégia de aquisições da Cisco, especialmente sob a liderança de John Chambers, demonstrou ser um motor fundamental para o crescimento e inovação da empresa.

Desde a primeira aquisição significativa, em 1993, a empresa estabeleceu um ritmo frenético de aquisições. Essa estratégia contribuiu para a empresa mais que dobrar suas vendas já em 1996 e a manter um crescimento de receita superior a 80% ao ano nos anos seguintes. Essa expansão só foi viável porque a organização estruturou, por meio da união com outras empresas, novos motores de crescimento em segmentos distintos ao original da empresa.

Até esse ano, a Cisco tinha seu foco de atuação orientado, principalmente, a roteadores e tecnologias de rede. Uma das principais capacidades organizacionais da empresa se configurava em sua reputação e acesso a uma base relevante de clientes corporativos. A partir da reflexão de que esse universo de empresas demandava outras soluções de rede, território em que a empresa já tinha expertise, iniciou-se a investigação de quais seriam as possibilidades complementares para enriquecer o portfólio da companhia que apresentavam sinergia com os ativos já existentes.

A organização decidiu por viabilizar essa expansão por meio de aquisições, e em 1993 promoveu a primeira de uma série de oitenta movimentos similares que aconteceriam nos próximos anos.

A aquisição da Crescendo Communications foi um marco desse movimento e teve como objetivo ingressar no mercado de LAN *switching* expandindo o portfólio de produtos da empresa, além de abordar uma parte maior do mercado de redes ao oferecer uma gama mais diversificada de soluções para seus clientes. Isso incluía *switches* essenciais para construir redes corporativas mais eficientes e escaláveis.

Essa estratégia não apenas expandiu o alcance de mercado da Cisco, mas também reforçou sua posição como uma empresa líder em tecnologia de rede, contribuindo significativamente para o crescimento de sua receita nos anos seguintes, uma vez que esse segmento era robusto e estava em expansão.

Nos próximos capítulos, mostraremos em detalhes os elementos centrais para que a estratégia de aquisição seja bem-sucedida na formação de Motores 2 ao explorar em profundidade o caso Cisco. Por ora, é importante que você tenha em mente que há a alternativa de acelerar o processo de desenvolvimento de capacidades organizacionais importantes para estruturar projetos de inovação por meio da captura desse valor já existente em outras empresas. A estratégia de aquisições visa diminuir a curva de aprendizado no processo, mitigar os riscos da execução de novos projetos, pois premissas importantes já foram validadas, e aumentar a velocidade de implantação de inovações.

De modo nenhum almejamos reduzir as possibilidades de modelos de estruturas organizacionais para inovação ao universo aqui apresentado. Seguramente, outras perspectivas e possibilidades surgirão com o tempo. Nossos estudos, no entanto, demonstram que os padrões que abordamos são os mais usuais e os que têm gerado resultados consistentes.

A partir do momento em que a organização estabelece o modelo que adotará na execução do projeto, faz-se necessário um novo passo fundamental no processo de implantação do Motor 2, que consiste no estabelecimento dos rituais, indicadores e processos para fornecer suporte a todo o sistema. A despeito de ser um termo que traz uma percepção, por vezes, mal interpretada, resolvemos manter nosso compromisso com as estruturas fundamentais da gestão e batizar essa etapa como a da governança do projeto.

4.7 PASSO 7: ESTRUTURAR GOVERNANÇA

O primeiro passo aqui é tomarmos um tempo para dimensionar adequadamente o significado da governança no ambiente empresarial de modo a deixar clara a sua pertinência ao nosso projeto.

Com a popularização dos conceitos sobre governança corporativa, que emergiram com força no início dos anos 2000, decorrentes de problemas com organizações que fraudaram o sistema na busca de obtenção de benefícios para alguns executivos, esse termo ficou muito associado às questões de conformidade da empresa com padrões éticos e legais.

No entanto, governança é um conceito que transcende essa visão específica e deve ser entendido como o conjunto de processos, costumes, políticas, leis e regulamentos que equilibram a maneira como a empresa é dirigida, administrada e controlada.

Quando tratamos da governança para a gestão da inovação dentro de uma companhia, nos orientamos à definição clara das regras do jogo pelas quais essa frente será gerida, com todos os seus rituais, indicadores e processos.

Essa etapa é fundamental (e muitas vezes negligenciada), já que oferece transparência a todos os envolvidos no projeto a respeito do seu papel, responsabilidades e como será mensurada a evolução daquela jornada.

Ao estabelecer de maneira clara os critérios e práticas desse processo, a organização combate um dos obstáculos mais importantes de qualquer processo de transformação, que já citamos por aqui: a insegurança e o medo das pessoas.

Quando bem estruturada e comunicada, a governança contribui para mitigar as inseguranças e aumenta o engajamento de todos da organização, pois proporciona clareza e transparência sobre a evolução do projeto, seus objetivos e o papel de cada um nessa jornada.

Por isso, essa etapa não apenas impacta os indivíduos envolvidos diretamente com o projeto de inovação. Ela influencia todos os stakeholders da empresa, que conseguem ter mais visibilidade sobre o propósito dos investimentos dessa natureza, obtendo entendimento mais claro sobre a estratégia adotada.

A CONSTRUÇÃO DA GOVERNANÇA ENVOLVE UM PASSO FUNDAMENTAL NA ESTRUTURA DESSE SISTEMA: A ORGANIZAÇÃO E INTEGRAÇÃO DAS EQUIPES DE TRABALHO.

Como já observamos, um dos erros comuns observados em projetos malsucedidos de desenvolvimento de inovações acontece quando a empresa negligencia essa integração e não desenvolve as fronteiras claras de cada motor de crescimento.

A clara definição das regras do processo evidenciará as prioridades de cada iniciativa, diminuindo o nível de fricção entre os componentes das equipes de trabalho dos dois motores.

Uma contribuição importante para compreender quais os elementos de um bom sistema de governança para inovação nos é oferecido pela ACE Cortex, que, como já citamos anteriormente, é uma das principais consultorias de inovação no Brasil.

Sob liderança de Luís Gustavo Lima, o LG, CEO da organização, foi desenvolvido um modelo que organiza em três frentes os principais elementos que devem estar presentes nessa governança.

- **O nível da decisão** é responsável pela definição clara da estratégia, estabelecimento das prioridades, gestão de orçamento, definição de como serão tomadas as decisões para aprovação de projetos e iniciativas para mitigação de riscos.

- **O nível da articulação** é responsável por alinhar objetivos e atividades dos projetos, executar tarefas, garantir recursos, facilitar comunicação, identificar e gerenciar riscos.

- **O nível da operação** é responsável por executar atividades de acordo com o plano do projeto, monitorar progresso, consolidar indicadores e resultados.

Essas três dimensões devem estar claras antes do processo de execução do projeto, com a definição de responsáveis, rituais de acompanhamento predefinidos e processos estruturados.

A estruturação desse sistema garantirá:

- **alinhamento** do que foi planejado com a execução das atividades de acordo com objetivos específicos;
- **direcionamento** mais claro de quais são os indicadores que cada equipe deve se preocupar em atingir;
- **reajustes de rota** mais fáceis e rápidos;

- **time** com alinhamento e direcionamento estratégico mais claro sobre o tipo de impacto que a área causa na companhia.

Na **página 290** do Framework da Execução você terá referências de como organizar essas informações de maneira prática para fazer um checklist de todas as deliberações a serem tomadas e montar seu sistema de governança. Você observará que, para sua execução, resgataremos muitas atividades relacionadas em etapas anteriores de nosso roadmap, como análise SWOT e Matriz de Priorização, entre outras. A estruturação desse esquema auxiliará na organização de todas as referências já elaboradas ao longo da jornada.

Sintetizar todo esse material em um único documento ou estrutura facilitará o processo de comunicação, engajamento e entendimento de todos sobre os principais componentes do projeto.

Um elemento central de desenvolvimento do sistema de governança para inovação diz respeito ao modo como serão gerados os indicadores de acompanhamento da evolução do projeto.

Em boa parte das iniciativas que estudamos é adotado o método dos *objectives and key results* (OKR) – objetivos e resultados – para cumprir esse propósito. O conceito foi desenvolvido por Andy Grove, lendário CEO da Intel nos anos 1980, inspirado por outro conceito de autoria de Peter Drucker no livro *A prática da administração de empresas*,[41] publicado em 1954. Nessa obra, o maior pensador da gestão moderna introduz a visão do *management by objectives* (gerenciamento por objetivos), para definir a importância de objetivos claros e mensuráveis dentro das organizações.

---

41 DRUCKER, P. **A prática da administração de empresas**. São Paulo: Cengage, 2003.

O conceito de OKR está presente no livro *Gestão de alta performance*,[42] publicado em 1983 por Grove, e se popularizou depois de ter sido adotado pelo Google no final dos anos 1990. A essência da metodologia consiste na definição de objetivos claros e resultados-chave mensuráveis para acompanhamento de todas as etapas da evolução de um projeto.

Veja seus princípios básicos a seguir.

- **Foco** – limitar o número de OKR para concentrar esforços nas áreas mais críticas.

- **Alinhamento** – garantir que os OKR individuais, de equipe e da empresa estejam alinhados e reforcem uns aos outros.

- **Rastreabilidade** – acompanhar regularmente o progresso para garantir que os objetivos sejam atingidos.

- **Flexibilidade** – ajustar os OKR, conforme necessário, em resposta às mudanças nas circunstâncias ou prioridades.

- **Transparência** – tornar os OKR visíveis para todos na organização, promovendo alinhamento e colaboração.

É fundamental que esses indicadores sejam formulados à luz das especificidades de um projeto inovador. Em muitas situações, as empresas, sobretudo as tradicionais, adotam o

---

42 GROVE, A. **Gestão de alta performance**: tudo o que um gestor precisa saber para gerenciar equipes e manter o foco em resultados. São Paulo: Benvirá, 2020.

mesmo conjunto de indicadores utilizados para mensurar seu negócio principal e para avaliar novos projetos. É necessário utilizar uma régua adequada a cada sistema, e a da inovação deve receber uma reflexão particular e profunda sobre os parâmetros de análise de acordo com os marcos evolutivos do projeto. No próximo passo de nosso roadmap exploraremos a fase de testes e experimentos, retomando o tema, e ficará mais evidente essa orientação.

Uma iniciativa fundamental para que todo sistema de governança funcione adequadamente e que tem alinhamento central com o mecanismo de indicadores é o acompanhamento frequente e disciplinado de todo o processo.

Conforme já enunciado no princípio da rastreabilidade dos OKR, é imperativo que sejam estabelecidos os rituais de acompanhamento, o que envolve a agenda de reuniões e encontros definidos para assegurar a evolução do projeto e possíveis mudanças de rotas.

Essa agenda deve ser definida previamente, de modo claro, com a precisa determinação de seu tema e objetivo, definindo quem deve participar, qual a sua periodicidade, qual programação, o que deve ser apresentado e como. Ao enunciar essa estrutura explicitamente, todos os envolvidos no projeto têm condições de se programar e se preparar para esses encontros garantindo a maior efetividade possível em toda jornada de execução do projeto.

A programação estabelecida na governança do projeto deve ser cumprida com rigor e disciplina não apenas no que tange à frequência dos participantes, mas também ao compromisso com a evolução de cada encontro de acordo com as condições definidas, seu tempo de duração e o engajamento de todos os participantes.

Nas **páginas 290 e 292** de nosso Framework da Execução você encontrará referências para estruturar os OKR e organizar a programação de reuniões de acompanhamento do projeto.

A etapa de governança tem intrínseca relação com o oitavo e último passo de nosso roadmap, que orienta a execução do sistema de testes e experimentos para validação das hipóteses construídas anteriormente, o que garantirá a evolução do projeto de modo sustentável e gradativo.

Os testes e experimentos são parte integrante do sistema de governança e serão mensurados e acompanhados de acordo com os rituais estabelecidos nessa etapa. De qualquer maneira, devido a sua relevância e, sobretudo, distinção básica em relação ao modelo tradicional de desenvolvimento de projetos de inovação, essa estrutura merece uma atenção e foco especial, já que é parte fundamental de nosso sistema de execução.

4.8 PASSO 8: REALIZAR TESTES E EXPERIMENTOS

Há uma frase muito citada por Jeff Bezos em eventos e entrevistas quando questionado sobre os motivos do sucesso da Amazon. O empreendedor cita que o êxito da empresa é uma junção do número de experimentos que ela realiza por ano, por mês, por semana, por dia.

A realização de testes e experimentos faz parte do DNA da empresa e está introjetada em sua cultura de inovação, pois esse procedimento é um dos pilares do seu sistema de execução.

Essa estrutura, no entanto, envolve uma adaptação relativa ao modelo clássico de execução de projetos que sempre vigorou ostensivamente no mercado empresarial.

Esse modelo tradicional ficou conhecimento como *waterfall* (cascata). Essa estrutura se caracteriza como um método sequencial de atividades em que o processo de desenvolvimento é visto como um fluxo constante, como uma cascata, percorrendo várias fases progressivamente. Cada etapa deve ser concluída antes de iniciar a próxima, e não pode haver sobreposição ou iteração entre elas.

Esse modelo apresenta uma abordagem linear e estruturada, e popularizou-se em um contexto em que os requisitos do projeto desenvolvido são conhecidos e pouco propensos a mudanças. Nesses casos, o enfoque sequencial e previsível é desejado para garantir a execução do plano com rapidez, efetividade e menor propensão a desvios, já que existe uma clara visão sobre o fluxo de tarefas do começo ao fim.

Além dessas características, o método tradicional pressupõe a definição de um orçamento estabelecido para todo o processo, que terá sua validação definitiva junto ao mercado apenas quando sua estrutura estiver finalizada com o produto final pronto. Nos casos de insucesso, em que a almejada adoção da solução não ocorre conforme planejado, o investimento de todo o processo fica comprometido e, não raras as vezes, é necessário retomar todo o projeto do início para um diagnóstico, quando serão avaliados em que pontos estão localizados os *gaps* e corrigi-los. Em muitas situações, essa correção de rota não é possível, já que podem ter ocorrido problemas estruturais cuja reparação se torna inviável devido a sua complexidade ou custo.

Em geral, esse processo toma tempo, pois o fluxo linear demanda aprovações de diversos agentes envolvidos no processo que não estão presentes em uma única unidade (via de regra, são especialistas de outras áreas e níveis hierárquicos). Além da perda de agilidade, o modelo compreende poucas interações com o cliente durante todo o processo, gerando distanciamento desse agente na medida em que ele é envolvido apenas no final de todas as etapas. Essa estrutura faz com que não seja possível coletar o feedback durante a jornada.

A despeito de reconhecermos o valor dessa estrutura clássica em situações previsíveis e controladas, ela encara desafios importantes quando orientada ao contexto da inovação.

Por sua natureza, projetos com essas características têm escopo flexível, o que não gera requisitos conhecidos (na realidade, a maior parte deles será desvendada no decorrer do processo). Como consequência, o processo contemplará mudanças e adaptações ao longo da jornada, em um sistema cuja cadência é definida não pelo encadeamento das atividades, mas pelos feedbacks recebidos em sua evolução.

Como há o desconhecimento prévio das referências (já que se trata de uma iniciativa inédita), são mandatórias as interações constantes com o mercado e com os agentes relevantes ao processo para que as teses e hipóteses sejam validadas durante suas etapas, gerando os feedbacks que são a base da evolução de seu fluxo. Essa prática permite uma alocação mais racional e ponderada dos recursos, liberados evolutivamente de acordo com o resultado dessas validações, e fortalecem os acertos quanto a sua evolução positiva. Evita-se, dessa maneira, a destinação total de recursos em um projeto sem que suas premissas tenham sido validadas previamente, mitigando o risco de desperdícios.

Todas essas perspectivas somadas geram a demanda por uma estrutura de execução de projetos inovadores que seja mais ágil, adaptável e efetiva. Essa estrutura é, por natureza, menos um modelo efetivo e determinístico e mais um modelo de aprendizagem, no qual a evolução e as experiências geradas em cada etapa representam a oportunidade da concepção de insights que fortalecerão – ou desencorajarão – os passos subsequentes, em um escopo aberto, cujo fluxo de atividades é derivado desses ensinamentos, e não apenas dos requisitos predefinidos anteriormente.

Essas dimensões nos remetem a estruturas de execução de projeto do campo das metodologias ágeis que ganharam espaço importante no ambiente empresarial graças, justamente, a uma demanda por maior velocidade na implantação de ideias, consequência de um mundo dirigido pelo tempo.

Os modelos ágeis diferem significativamente dos métodos tradicionais, como o de cascata, pois enfatizam a colaboração contínua, o feedback rápido do cliente e a adaptabilidade às mudanças. Essas interações constantes entre os diversos agentes envolvidos gera um fluxo não linear, comportando paralelização de tarefas e arranjos colaborativos direcionados pelos feedbacks da evolução dos testes e experimentos realizados em todas as etapas do projeto.

Atualmente, existem diversos métodos ágeis, e essa estrutura contemporânea tem origem na publicação do "Manifesto ágil", lançado em fevereiro de 2001.[43] Esse manifesto foi criado por dezessete desenvolvedores de software durante uma reunião em Utah, nos Estados Unidos, promovida com o propósito de discutir estruturas de abordagens mais leves para o desenvolvimento de softwares, em contraste com os métodos tradicionais, mais pesados e documentados. Esses profissionais já percebiam, no contexto técnico de suas

---

43 BECK, K. et al. Manifesto para desenvolvimento ágil de software. **Agile Manifesto**, 2001. Disponível em: https://agilemanifesto.org/iso/ptbr/manifesto.html. Acesso em: 24 mar. 2024.

atividades, os desafios de um modelo excessivamente inflexível e linear em um ambiente caracterizado por mudanças velozes.

O resultado desse encontro foi o "Manifesto para o desenvolvimento ágil de software". O alcance dos conceitos apresentados no documento foi além do campo do desenvolvimento técnico de software, já que empreendedores entenderam que esses princípios podiam contribuir para o desenvolvimento de projetos em geral.

Inicialmente, o método foi adotado por startups e empresas do ambiente digital que começaram a experimentar, com sucesso, a metodologia na execução de seus projetos, obtendo mais agilidade e adaptabilidade em todo o processo.

Esse êxito acabou por influenciar todo o ambiente empresarial e, em poucos anos, seus princípios popularizaram-se por todo o mercado corporativo, estabelecendo a base para a formação de diversas metodologias ágeis que são amplamente adotadas hoje.

Existem diversas vertentes originárias desse movimento, sendo as mais populares o Agile Squad, o Scrum e Kanban, que têm aplicações diversas de acordo com suas peculiaridades. Algumas têm origem anterior ao "Manifesto ágil" e acabaram sendo adaptadas a esse contexto para responder às demandas do ambiente de modo mais veloz que os modelos originais.

Um dos princípios fundamentais desses métodos é a divisão dos projetos em tarefas ou *stages*, nos quais cada atividade ou tarefa é definida de maneira clara, com indicadores e marcos particulares daquele estágio.

Essa estrutura oferece diversas vantagens que contribuem para um desenvolvimento de projeto mais eficaz e com um ciclo evolutivo mais adaptável. Em geral, as características do modelo permitem as vantagens elencadas a seguir.

- **Flexibilidade e adaptação**
  » **Resposta a mudanças** – em projetos de inovação, a capacidade de responder rapidamente a mudanças é fundamental, já que seus requisitos evoluem de acordo com os testes e não estão totalmente definidos no início. A divisão em tarefas menores permite ajustes frequentes, conforme necessário.
  » **Iteratividade e incrementalidade** – o trabalho é dividido em ciclos (*sprints* no Scrum, por exemplo) que produzem incrementos do produto final. Cada incremento é uma versão utilizável e testável do produto, permitindo feedback contínuo e melhorias.

- **Foco no valor ao cliente**
  » **Entrega contínua de valor** – em vez de esperar até o final do projeto para entregar um produto, a metodologia ágil enfatiza entregas regulares de partes funcionais do produto. Isso garante que o valor seja continuamente criado e entregue ao cliente.
  » **Feedback do cliente** – a participação ativa do cliente, durante o desenvolvimento, permite que o feedback seja incorporado rapidamente, garantindo que o produto final atenda às suas expectativas e necessidades.

- **Colaboração e comunicação**
  » **Trabalho em equipe e comunicação** – a metodologia ágil promove a colaboração intensa entre os membros da equipe e com os stakeholders. Isso melhora a comunicação, a compreensão dos objetivos e a resolução de problemas.

- » **Transparência e visibilidade** – a divisão do trabalho em tarefas menores e a realização de reuniões regulares (como as *daily stand-ups*, no Scrum) aumentam a visibilidade do progresso do projeto e ajudam a identificar problemas precocemente.

- **Gestão de riscos e qualidade**
  - » **Detecção precoce de problemas** – como o trabalho é revisado e testado em cada ciclo, os problemas são identificados e resolvidos mais rapidamente, reduzindo o risco de falhas significativas no final do projeto.
  - » **Testes contínuos** – a integração contínua e os testes frequentes garantem a qualidade do produto ao longo do desenvolvimento.

- **Eficiência e produtividade**
  - » **Priorização efetiva** – as tarefas são priorizadas com base em seu valor e importância para o projeto. Isso assegura que os recursos sejam focados nas áreas mais críticas.
  - » **Melhoria contínua** – a prática de análise constante da evolução do projeto permite à equipe refletir sobre o processo de desenvolvimento e fazer ajustes contínuos para melhorar a eficiência e a eficácia.

Em contrapartida a esses benefícios, o modelo traz desafios importantes no que se refere à dependência de comunicação eficaz e colaboração, que pode ser um desafio em equipes grandes ou distribuídas geograficamente.

Além disso, a flexibilidade para mudanças constantes pode levar à falta de foco ou alterações excessivas, o que pode afetar a entrega do projeto.

É necessário ser diligente e ter uma governança clara para garantir que o projeto não caia nessas armadilhas e comprometa seu sistema de execução.

Na maior parte dos projetos bem-sucedidos de implantação de Motores 2 de crescimento que estudamos, a adoção de alguma metodologia ágil aparece em maior ou menor intensidade, já que ela habilita a realização de textos e experimentos em um sistema de evolução contínua, tendo como base os feedbacks dos clientes que oferecem a cadência para a progressão de todo fluxo de atividades.

O fato de essa metodologia estar lastreada na captura do feedback imediato e na manutenção do foco constante na criação de valor para o cliente contribui para a diminuição dos riscos de insucesso, aumentando a qualidade do produto final, além de incrementar a satisfação desse agente, que é envolvido desde o início do processo, e da equipe, que tende a ter um grau de engajamento maior com sua evolução, já que consegue ter a visão de todas as etapas do projeto de modo muito mais sistêmico e interdependente.

No capítulo 5, exploraremos o modelo de inovação do iFood, e você observará como a realização de testes e experimentos é central para essa estrutura, representando a essência do método do Jet Ski.

Para auxiliar nessa jornada, você encontrará, nas **páginas 296 e 297** de nosso Framework da Execução um roteiro para estruturar cada etapa (*stage*) de seu projeto com o modelo de acompanhamento da execução dos testes e experimentos que garantam a realização de todo o processo de acordo com os feedbacks do mercado.

Disponibilizamos também um tópico com diversas sugestões de literatura de referência sobre métodos ágeis caso você deseje se aprofundar nesse tema.

Uma perspectiva fundamental na evolução da prática de testes e experimentos é que a tecnologia atual tornou esse processo mais simples, ágil e menos dispendioso do que no passado, quando era necessário desenvolver estruturas complexas e robustas para viabilizar validações de hipóteses. Essas limitações, em muitas situações, desencorajava a adoção dessa estratégia, e as empresas partiam para a construção final do protótipo no método clássico.

O MUNDO EMPRESARIAL CONTEMPORÂNEO CONTA COM UMA JORNADA QUE DEMONSTRA COMO, A PARTIR DE EXPERIMENTOS INICIAIS SIMPLES, É POSSÍVEL VALIDAR UMA IDEIA INOVADORA BILIONÁRIA.

A saga começa em 1999 quando o americano Nick Swinmurn, que atuava e residia no Vale do Silício, não conseguiu encontrar o par de sapatos certo em uma loja local. A internet ainda era bastante incipiente e o comércio eletrônico ainda estava em seus estágios iniciais, no entanto esse dissabor gerou um insight que hoje pode parecer óbvio, mas que, na época, foi revolucionário: por que não vender calçados pela internet?

Como se tratava de uma inovação sem referência anterior, havia muitas dúvidas sobre o comportamento das pessoas habituadas a experimentar os calçados desejados em pontos de vendas físicos antes da sua aquisição. As pessoas estariam dispostas a substituir essa experiência pela comodidade?

Tendo como base sua experiência profissional em empresas de tecnologia e o conhecimento prévio dos métodos ágeis, mas enfrentando a falta de capital financeiro, o futuro empreendedor decidiu realizar um experimento inicial antes de desenvolver o projeto completo com infraestrutura tecnológica, logística, financeira e tudo o que envolve uma iniciativa como essa.

Swinmurn pediu permissão às lojas de calçados locais para fotografar suas mercadorias. Em seguida, ele postou essas fotos em um site básico, com o menor investimento possível. Na medida em que um cliente comprasse um par de sapatos por meio desse site, Swinmurn compraria o produto da loja pelo preço integral e, então, enviaria ao cliente, sem nenhuma margem de lucro.

Nessa fase do processo, o objetivo não era auferir ganho financeiro, e sim testar a premissa fundamental de seu negócio: as pessoas estariam dispostas a comprar sapatos pela internet sem experimentá-los?

Além de investigar essa hipótese, a abordagem ofereceu insights valiosos sobre a demanda do consumidor, suas preferências, o processo de compra on-line, processo de pagamento, manuseio de devoluções, atendimento ao cliente, entre outras premissas que foram validadas sem a necessidade de um grande investimento inicial em estoque ou infraestrutura.

Importante notar como essa abordagem difere significativamente do método clássico, já que permite observar o comportamento real dos clientes em vez de confiar em premissas ou suposições prévias realizadas teoricamente.

O experimento ofereceu resultados quantificáveis e claros para a premissa fundamental a ser validada. As condições de sucesso para o projeto seriam potencializadas se um número suficiente de clientes comprasse os sapatos pela internet. Em isso não ocorrendo, seria necessário avaliar a evolução ou não da execução da ideia, pois os riscos de insucesso seriam maiores.

O sucesso inicial do experimento foi modesto em termos de escala, mas foi crucial para validar a ideia de negócio e aprender por meio da interação real com os clientes. No mesmo ano, Nick Swinmurn lança a Zappos. Logo após a sua concepção, o fundador se aproximou de Tony Hsieh e Alfred Lin, que na época eram envolvidos com a Venture Frogs, uma incubadora e firma de investimento. Tony Hsieh e Alfred Lin tornaram-se investidores significativos e desempenharam papéis vitais no crescimento da empresa. Tony Hsieh, em particular, tornou-se uma figura central na Zappos, assumindo o cargo de CEO e sendo um dos principais impulsionadores do sucesso e da cultura única da empresa.

A Zappos foi precursora em seu segmento e obteve muito êxito em sua evolução. Em 2009, dez anos após o experimento inicial de Swinmurn, a companhia foi adquirida pela Amazon por um valor reportado de 1,2 bilhão de dólares.

Esse caso traz referências importantes de como utilizar as tecnologias disponíveis para facilitar o processo de validação e experimentos, com investimentos iniciais acessíveis, incrementando as chances de êxito do projeto que evoluirá de acordo com a validação das premissas-chave de cada uma das etapas.

É importante reiterar que a etapa de testes e experimentos tem intrínseca relação com a fase anterior do nosso esquema, pois ela está contida na governança da inovação, já que será regida pelas definições prévias no que tange ao seu acompanhamento e indicadores de performance.

O oitavo passo de nosso roadmap consolida todo o processo, de modo a oferecer um sistema único e integrado que vai das etapas da concepção da ideia até a execução do projeto. Uma vez mais, reforçarmos a visão de que não temos a pretensão de construir um modelo único que responda a todas as demandas de um mercado cada vez mais complexo e dinâmico. Nossa proposta é trazer a você uma referência que pode ser adotada, com adaptações, para atender a sua demanda de viabilização da inovação.

Para incrementar essa proposta, você poderá experimentar de maneira prática todas essas etapas por meio da utilização de nosso Framework da Execução. O propósito é que a apresentação de ferramentas concretas facilite a aplicação do nosso método, visando à viabilização de projetos inovadores que formarão Motores 2 de crescimento.

Seguindo o nosso objetivo de trazer referências práticas de aplicação do método, apresentamos, a seguir, particularidades de quatro casos relevantes de empresas com experiência consagrada em implantação de projetos de inovação.

É NECESSÁRIO SER DILIGENTE E TER UMA GOVERNANÇA CLARA PARA GARANTIR QUE O PROJETO NÃO CAIA NESSAS ARMADILHAS E COMPROMETA SEU SISTEMA DE EXECUÇÃO.

@SANDROMAGALDI
@JOSESALIBINETO

05.
QUATRO CASOS RELEVANTES DE PROJETOS DE INOVAÇÃO

Vamos, agora, aprender com os sucessos e insucessos de quatro empresas que se tornaram referência em inovação. Em cada um desses casos, exploraremos uma determinada particularidade.

- No caso da Cisco, apresentaremos os detalhes de sua estratégia de construção de Motores 2 por meio de aquisições.

- No caso do iFood, exploraremos, em profundidade, o conceito do Jet Ski e como a organização tem conseguido estruturar uma forte cultura de inovação.

- No caso da Amazon, nosso foco estará centrado em como a organização instituiu uma maneira poderosa de capturar ideias inovadoras da equipe e uma das estruturas-chave para viabilizar a inovação em seu negócio: o Amazon Lab126.

- No caso da Xerox, apresentaremos um exemplo de insucesso que nos reserva muitos aprendizados. Você entenderá como uma empresa que foi referência global em inovação não foi capaz de capturar o valor de suas ideias e transformou-se em uma sombra do que era no passado. Aprendemos muito com insucessos, e esse é o nosso objetivo ao apresentar este caso.

5.1 A INOVAÇÃO POR MEIO DE AQUISIÇÕES

A Cisco foi fundada em 1984 por Leonard Bosack e Sandy Lerner, dois cientistas da computação da Universidade de Stanford. Inicialmente, a empresa se destacou por desenvolver roteadores que permitiam conectar redes de computadores diferentes, um avanço significativo em uma época que a internet começava a surgir.

O protagonismo da empresa começou a se solidificar justamente devido ao avanço da web, com a explosão das empresas "pontocom" durante a época que ficou conhecida como a da "bolha da internet", no final dos anos 1980 começo dos 1990. Como resultado desse sucesso, em 1990, a empresa realizou sua oferta pública de ações (IPO) e, nos anos seguintes, suas ações se valorizam exponencialmente, fazendo com que a organização se tornasse uma das maiores do mundo em valor de mercado e uma protagonista-chave para a expansão da infraestrutura global da internet no ambiente corporativo. Esse período marcou a Cisco como uma das empresas mais influentes no setor de tecnologia, sobretudo no negócio de redes.

O cenário positivo, no entanto, começou a sofrer um revés nos anos seguintes. A despeito da evolução do ambiente digital, o início dos anos 1990 foi marcado por forte recessão econômica, resultante de uma série de fatores como a crise do petróleo, as altas taxas de juros e o estouro de bolhas especulativas em muitos mercados que influenciam o setor financeiro.

Ao mesmo tempo, no meio da década, começaram a surgir as evidências da bolha da internet com a clara perspectiva de uma onda de especulação excessiva, que inflou investimentos em empresas de tecnologia e internet. Apesar do otimismo inicial, muitas dessas organizações estavam superavaliadas e não tinham modelos de negócios sustentáveis, o que levou ao estouro da bolha no início dos anos 2000.

Por sua vez, a Cisco enfrentava uma crescente pressão competitiva de outras empresas de tecnologia, tanto em termos de inovação tecnológica quanto de expansão de mercado. Manter a liderança e continuar crescendo nesse ambiente competitivo era um desafio significativo, já que o mundo corporativo estava passando por transformações rápidas e significativas com a popularização da internet e a crescente importância das redes de computadores. Isso exigia da empresa alta capacidade de adaptação e inovação para manter-se relevante e competitiva.

Foi nesse cenário que, após uma bem-sucedida experiência como chefe de vendas e operações globais da empresa, John Chambers assumiu a posição de CEO, em 1995.

Chambers assume a liderança da Cisco justamente quando a empresa estava no ápice de um ambiente em condições econômicas adversas, tanto no mercado global quanto no setor de tecnologia.

Quando ingressou na empresa, em 1991, a Cisco contava com quatrocentos funcionários e faturamento de 70 milhões de dólares, com uma atuação centrada, quase que exclusivamente, no negócio de redes. Ao deixar o cargo de CEO em 2015, a empresa havia se transformado em uma gigante da tecnologia, com receitas de 47 bilhões de dólares e aproximadamente 72 mil funcionários, desempenhando um papel crucial na infraestrutura da internet em diversas áreas como segurança cibernética e convergência de *data centers*.

Existem diversos vetores que suportaram essa incrível jornada expansionista, como o fomento à inovação interna e o desenvolvimento de estruturas para viabilizar a análise de tendências emergentes, entre outros. Aqui, nosso foco será analisar a estratégia implementada pela Cisco para a construção de seu Motor 2 de crescimento, que se deu por meio de aquisições.

Foram adquiridas mais de 218 empresas de setores diversos até 2021, permitindo que a empresa expandisse seu portfólio para inúmeros mercados.

Quando assumiu a liderança da empresa, Chambers defendeu a importância de não apenas sobreviver naquele ambiente instável, mas também de aproveitar a oportunidade para inovar e crescer. Ele acreditava que os períodos de desafios econômicos eram momentos cruciais para a realização de mudanças significativas e para a conquista de novos mercados.

Chambers enfatizou a importância de se adaptar às rápidas mudanças do mercado e de reinventar constantemente as estratégias de negócios. Ele acreditava que a inovação disruptiva e sustentadora exige gestão, métricas e práticas distintas. Para ele, entender as transições de mercado e competir além dos setores tradicionais era essencial.

A Cisco adotou uma abordagem única para a inovação, combinando as melhores ideias internas e externas. Para acelerar o desenvolvimento de capacidades organizacionais, fundamentais para seu protagonismo, a empresa fundamentou sua estratégia em aquisições estratégicas, viabilizadoras da inovação e da expansão em novos mercados.

A essência dessa estratégia foi centrada em identificar empresas com visões de mercado semelhantes e que pudessem criar ou acelerar sua liderança nos mercados-chave. Eles priorizaram a compatibilidade cultural e tecnológica e a proximidade geográfica, buscando criar condições para que ambas as partes saíssem ganhando com o movimento.

A abordagem de Chambers se caracterizou por uma mistura de disciplina e disposição para experimentar novas ideias. Ele enfatizou a importância de processos escaláveis e replicáveis, combinando inovação com operações excelentes. Essas condições foram essenciais para absorver, com rapidez, as novas operações e adaptá-las às novas condições.

COM ESSE ENFOQUE, A CISCO FOI CAPAZ DE LIDAR COM DIVERSAS TRANSIÇÕES DE MERCADO SIMULTANEAMENTE E MOVER-SE COM EFICIÊNCIA E RAPIDEZ PARA EXPLORAR AS NOVAS OPORTUNIDADES.

Para adaptar a organização a essa estratégia, a empresa teve sua estrutura organizacional remodelada, tendo como principal objetivo promover colaboração e trabalho em equipe. Foram implementados conselhos e comitês multidisciplinares para tomar decisões cruciais, permitindo que diferentes partes da empresa colaborassem de maneira mais eficiente.

Na frente externa, Chambers manteve um forte foco nas necessidades e feedback dos clientes, adaptando-se pessoalmente às mudanças no mercado e na tecnologia. Ele reconheceu a importância de estar aberto a novas ideias e métodos de trabalho para manter a Cisco na vanguarda da inovação. O entendimento das demandas de mercado foi o elemento norteador da seleção das empresas a serem adquiridas.

Para acelerar sua estratégia de aquisições, foi desenvolvido um framework que cumpriu um papel de elemento norteador de todo o processo. A partir do momento que a decisão pela aquisição em determinado segmento ou negócio era tomada, a empresa ancorava sua estratégia em princípios-chave que eram seguidos disciplinadamente. Os principais fatores desse manual podem ser resumidos da seguinte maneira:

- toda estratégia deve estar alinhada com a visão estratégica da empresa;
- o foco deve estar nas transições de mercado e nas disrupções tecnológicas;
- ouvir os clientes ao decidir quais empresas adquirir;
- priorizar empresas e tecnologias compatíveis com nosso portfólio e arquitetura;
- buscar a harmonia cultural;
- manter proximidade geográfica com a sede ou os centros operacionais da empresa.

Além desses princípios, a empresa optou por uma estratégia de aquisições definida como *big-to-small*, ou seja, a empresa adquirida deveria ter um porte menor do que a Cisco para que fosse possível determinar os parâmetros da evolução do negócio.

Outro ponto que é importante ressaltar diz respeito à estratégia de aquisição. Para acessar com rapidez os mercados adjacentes, a opção foi por focar a estratégia na aquisição de startups, em um processo que se inicia com o investimento em participação do negócio com a opção de adquirir o controle total dele, de acordo com o cumprimento de metas preestabelecidas. Na evolução desse processo, a Cisco estabeleceu, como condição, supervisionar as operações da empresa, inclusive transferindo profissionais da própria Cisco para a empresa investida, se necessário.

A disciplina no processo de aquisição sempre foi enfatizada, mas em equilíbrio com a flexibilidade para adaptar estratégias conforme as necessidades e condições do mercado mudavam. Essa agilidade foi potencializada pela estrutura organizacional descentralizada da Cisco que, além de contribuir com o processo de aquisições, permitiu uma integração mais eficaz das empresas adquiridas.

A estratégia de aquisições da Cisco não deve ser encarada apenas como uma maneira de expandir seu portfólio de produtos e serviços, mas como uma iniciativa de desenvolvimento de novas capacidades organizacionais e fortalecimento de uma cultura de inovação contínua e flexível dentro da organização.

O resultado prático dessa estratégia pode ser destacado nas principais aquisições e resultados atingidos descritos a seguir.

1. **Crescendo Communications (1993).** Esta aquisição, por 94,5 milhões de dólares, foi um marco inicial, introduzindo a Cisco no mercado de LAN *switching*.

2. **StrataCom (1996).** Adquirida por 4 bilhões de dólares, esta aquisição ajudou a Cisco a expandir significativamente sua presença no mercado de ATM *switching*.

3. **Cerent Corporation (1999).** Comprada por 6,9 bilhões de dólares, esta aquisição permitiu à Cisco entrar no mercado de redes ópticas síncronas.

4. **Scientific Atlanta (2005).** Também adquirida por 6,9 bilhões de dólares, esta empresa de tecnologia de cabo digital ajudou a

Cisco a expandir sua presença no mercado de entretenimento doméstico e infraestrutura de vídeo.

5. **IronPort (2007).** Esta aquisição, de 830 milhões de dólares, ampliou as capacidades de segurança cibernética da Cisco.

6. **WebEx (2007).** Comprada por 3,2 bilhões de dólares, a WebEx permitiu à Cisco entrar no mercado de conferências por meio da web, um segmento importante para colaboração e comunicação empresarial.

Nas aproximadamente 218 aquisições realizadas até outubro de 2021, a empresa investiu mais de 70 bilhões de dólares, demonstrando o papel crucial das aquisições em sua trajetória de crescimento e inovação.

Essa estratégia ajudou a construir motores de crescimento em seu negócio de diversas maneiras.

- **Diversificação de portfólio e liderança de mercado.** Este foi o resultado mais evidente da estratégia que ajudou uma empresa líder em redes a alcançar o protagonismo em outros mercados, como o de segurança. As aquisições levaram a empresa à liderança nesse segmento, com ampla gama de produtos e serviços no mercado.

- **Evolução do modelo de negócios.** Muitas aquisições ensinaram à Cisco lições valiosas sobre novas abordagens de mercado e modelos de negócios. Por exemplo, a aquisição da Meraki trouxe uma nova perspectiva para a empresa com sua atuação em gerenciamento de nuvem simplificada para redes de TI. Essa expertise contribuiu para a Cisco expandir sua própria oferta de serviços baseada em nuvem. A Meraki, inicialmente, gerava menos de 100 milhões de dólares em receitas anuais. Esse valor foi catapultado para mais de 1 bilhão de dólares em menos de cinco anos por meio da união da operação com a Cisco. Além disso, a aquisição também influenciou novas ofertas de mercado, como o Cisco DNA Center e o *switch* de rede 9300.

- **Desenvolvimento e retenção de talentos.** A aquisição de empresas inovadoras trouxe novos talentos para a organização. Aproximadamente 20% dos funcionários da Cisco e 20% da liderança são provenientes de aquisições, e cerca de 80% dos membros das equipes adquiridas continuaram na Cisco três anos após a aquisição. Esses novos colaboradores ajudaram no fortalecimento da cultura de inovação dentro da organização e na promoção de suas capacidades organizacionais, que foram expandidas na mesma dimensão em que houve a adesão de pessoas, com conhecimentos e experiências distintos absorvidos pelo negócio.

É evidente que os resultados financeiros são uma das demonstrações mais inequívocas do valor dessa estratégia. Em 2023, a empresa faturou aproximadamente 57 bilhões de dólares, atingindo um valor de mercado estimado em 196 bilhões de dólares. No entanto, é importante ampliar a perspectiva de avaliação para entender como a estratégia de aquisições, implementada pela empresa, trouxe outros atributos de valor que colaboram para a sustentabilidade futura do negócio.

Essa estratégia, conforme exploramos no capítulo 4, contribui para a diminuição da curva de aprendizado e para o acesso a oportunidades de mercado por meio da aquisição não apenas de empresas, mas, sobretudo, de novas capacidades organizacionais, alavanca-chave para o sucesso de Motores 2 de crescimento.

O caso Cisco demonstra a relevância da construção de um framework, ou um conjunto de princípios e processos claros instituídos com disciplina, que serão a base da estratégia de aquisições, permitindo a escalabilidade do processo e a diminuição dos riscos de insucesso na adaptação da empresa adquirida ao novo contexto.

5.2. O CASO DOS JET SKIS DO IFOOD

A história do iFood remonta a uma época em que a internet não era tão popular ou disseminada no Brasil. A empresa que deu origem ao projeto atual foi a Disk Cook, fundada em 1997. No início, era uma estrutura de delivery disponível a restaurantes variados que não tinham esse serviço. Os clientes recebiam uma revista apresentando cardápios com diversas alternativas, escolhiam entre as opções, ligavam para uma central telefônica e encomendavam. Um guia de restaurantes integrado a um serviço de delivery.

O negócio evoluiu ao longo dos anos e, por volta de 2008, recebeu um impulso importante da internet, que trouxe uma nova perspectiva de expansão. Foi em 2011, como resultado de um aporte de 3,1 milhões de reais do fundo de capital Warehouse, que os sócios fundadores decidem lançar a plataforma iFood.

Em seis meses de vida, o site do iFood já reunia o cardápio de 650 restaurantes e contabilizava mais de 16 mil pedidos realizados pela web. Os relacionamentos cultivados na Disk Cook ajudaram a tracionar rapidamente o novo negócio.

O sucesso do projeto chamou a atenção da Movile, empresa de plataformas de comércio eletrônico e de conteúdo virtual que tinha um grande foco no *mobile*, e, em 2014, a empresa se tornou controladora do iFood, inaugurando uma nova fase de expansão da organização com poucos precedentes no ambiente empresarial nacional.

Em 2023, a empresa atingiu a marca de 80 milhões de pedidos por mês, com um faturamento estimado de 5 bilhões de reais. Seu ecossistema compreende aproximadamente 40 milhões de clientes ativos por mês, atendendo a mais de 1,7 mil cidades no país, com cerca de 330 mil restaurantes e mais de 60 mil mercados cadastrados, e uma rede de 250 mil entregadores. Não é à toa que a empresa se posiciona como uma das maiores do mundo em seu setor de atuação.

Um dos pilares fundamentais da expansão da organização é sua capacidade constante de inovar construindo novas soluções tanto incrementais, no horizonte 1 de inovação (H1), quanto disruptivas, nos horizontes 2 e 3 (H2 e H3). O fato de ser uma empresa que tem a base de atuação no segmento digital a torna muito exposta à evolução tecnológica tanto no que tange as ameaças quanto as oportunidades.

Seu crescimento acelerado trouxe um desafio adicional traduzido em um dilema bastante comum às empresas com essas características: manter uma cultura de inovação constante em uma estrutura robusta que tende a privilegiar a complexa manutenção da operação já existente e refutar o novo?

EM SÍNTESE: COMO MANTER O MOTOR 1 FUNCIONANDO E GERAR INÚMERAS INICIATIVAS ORIENTADAS AO MOTOR 2, COM AGILIDADE, ACOMPANHANDO A EVOLUÇÃO DO MERCADO?

Para lidar com esse desafio, a organização, sob a liderança de seu CEO, Fabrício Bloisi, tomou a decisão estratégica de que a inovação é um dos principais sustentáculos do crescimento da empresa e a evolução de iniciativas inovadoras é uma questão não apenas de expansão da organização, mas de sua sobrevivência em um ambiente caracterizado por rápidas e abruptas mudanças.

Tendo em vista essa decisão, a empresa estruturou, em 2021, um conceito que representa o amadurecimento de suas reflexões sobre inovação por meio de uma metodologia de fomento e implantação de projetos com essas características: o modelo Jet Ski.

Resgatando a síntese do conceito apresentado no capítulo 4, de acordo com essa metáfora, o Motor 1 da empresa é representado por um grande navio robusto e sólido que, se por um lado, garante estabilidade, por outro, tem dificuldade de mudar de direção com agilidade. Para que seja possível introjetar transformações nessa jornada, é necessário que sejam lançados Jet Skis no oceano. Esses equipamentos representam as inovações e Motores 2 de crescimento e têm como orientação o desenvolvimento e a validação de novas teses de negócios.

O projeto do iFood tem como um dos predicados importantes a força da metáfora construída, que permite que todos os colaboradores entendam com facilidade a relevância da inovação e nominem com clareza as atividades dessa natureza. Evidencia-se, aqui, a importância do *branding* para fortalecer iniciativas orientadas ao Motor 2 de crescimento, pois elas funcionam como elementos de coesão em prol de uma ideia unificadora estratégica da companhia.

A metodologia do Jet Ski reflete um modelo que combina a eficiência de uma fábrica com a agilidade e a inovação de uma empresa de capital de risco. Sua estruturação clara contribui para que o método conquiste escala, sendo acessível a toda a organização. Com isso, o conceito é introjetado no sistema de crenças e comportamentos da empresa, sendo parte integrante de sua cultura organizacional.

Resumidamente, o método está baseado em três etapas.

5.2.1 Etapa 1: fase da pesquisa

Essa etapa tem como objetivo central estruturar um mínimo produto viável (MVP) a partir do entendimento das principais premissas levantadas.

Sua estrutura conta com um grupo de pessoas responsável em monitorar e identificar oportunidades de inovação. Esses indivíduos estão espalhados por toda a organização, tanto nas unidades de negócios quanto nas áreas funcionais, e são fundamentais na primeira fase de pesquisa, ajudando a definir quais ideias merecem continuar sendo investigadas.

As ideias que se mostram promissoras vão para a próxima fase, que consiste na sua adaptação e adequação ao contexto específico do mercado em que o iFood opera. É vital garantir que os MVPs propostos estejam alinhados com as necessidades e peculiaridades do mercado local.

Essa organização permite gerar um ranking, classificando cada ideia com base em seu potencial de impacto. A categorização é a base para a priorizar quais projetos merecem recursos e atenção na fase inicial de pesquisa.

Apenas cerca de 5% das ideias levantadas passam para a próxima etapa após esse crivo inicial.

5.2.2 Etapa 2: fase de testes

O objetivo central dessa etapa é validar a tese por meio de uma prova de conceito (conhecida como POC) que se traduzirá em um protótipo tangível da ideia em condições de ser testado e avaliado de modo concreto.

A proposta é subir o nível de consciência sobre o potencial concreto da solução por meio de uma inciativa mais próxima possível da realidade.

Essa etapa é a tangibilização do passo 8 de nosso roadmap orientado à realização de testes e experimentos, e é um dos fundamentos centrais do método Jet Ski.

O protótipo é submetido a testes rigorosos e já contempla a possibilidade de pivotar ou adaptar o projeto com base no feedback e nos resultados obtidos antes mesmo de seu lançamento (observe, na prática, a estrutura de desenvolvimento de projetos em estágios que já exploramos em nosso roadmap).

A estrutura utilizada pelo iFood para implementar o projeto são os *squads*, por meio da estrutura de pequenas equipes multidisciplinares, que geram rápida experimentação e flexibilidade nessa fase de testes.

Passam para a próxima etapa 2,5% das ideias analisadas.

5.2.3 Etapa 3: fase da escala

Validadas as etapas iniciais, a ideia está pronta para entrar em operação. Nessa etapa é definido um líder que será o responsável por levar o projeto da fase de teste para a escala. Para isso será constituída uma equipe dedicada e focada na sua implementação, aspecto fundamental para impulsionar o projeto.

Uma das decisões a ser tomadas nessa etapa envolve determinar em qual estrutura o projeto será enquadrado, ponderando se uma ideia deve ser implementada como parte das operações principais da empresa ou como uma nova entidade independente.

Observe como, metaforicamente, o Jet Ski, que se mostra valioso, retorna ao grande transatlântico e, com o tempo, contribui para que essa estrutura robusta comece a mudar de direção de acordo com a influência desses novos atributos incorporados ao projeto central (é o Motor 2 influenciado, decisivamente, os rumos do Motor 1).

Cada uma das três etapas do método desempenha um papel vital no processo de inovação Jet Ski do iFood, garantindo que ideias promissoras sejam desenvolvidas, testadas e escaladas de maneira eficaz e rápida.

Os resultados da iniciativa são concretos – 49% da receita atual da organização (dados de 2023) foram provenientes de produtos introduzidos nos últimos cinco anos na companhia.

Um outro dado comparativo que mostra a relevância do modelo diz respeito à perda de investimentos gerada por projetos inovadores. O iFood aponta dados de mercado mostrando que aproximadamente 46% dos recursos destinados a projetos com essas características são perdidos. No método Jet Ski, esse indicador é de 20%, ou seja, menos da metade da média de mercado.

É VITAL GARANTIR QUE OS MVPS PROPOSTOS ESTEJAM ALINHADOS COM AS NECESSIDADES E PECULIARIDADES DO MERCADO LOCAL.

@SANDROMAGALDI
@JOSESALIBINETO

Para ilustrar a aplicação prática do método Jet Ski, vamos apresentar um caso que teve como resultado a inserção de uma nova modalidade de vendas no aplicativo, gerando um novo fluxo de receitas. Essa estrutura contribuirá para o entendimento das três etapas do processo na prática, além da associação com todas as fases de nosso roadmap.

Tudo teve início quando um grupo de colaboradores se dedicou a refletir sobre como otimizar os recursos já existentes do projeto iFood. Na fase de pesquisas, foram levantadas diversas fontes de dados e informações com o objetivo de trazer referências que levantassem hipóteses de iniciativas com essa orientação.

Uma primeira vertente dessa análise foi dedicada ao universo de entregadores relacionados à organização. Uma constatação clara é que o nível de ocupação desse ativo tem um pico nos horários de alimentação (almoço e jantar) e um vale nos demais períodos do dia, gerando capacidade ociosa de um recurso de alto valor.

COMO OTIMIZAR A UTILIZAÇÃO DO TEMPO DESSES ENTREGADORES, OFERECENDO CONDIÇÕES DE GERAÇÃO DE RENDA HOMOGÊNEA PARA ESSES AGENTES E NOVOS FLUXOS DE RECEITA PARA O IFOOD?

Estimulados por essa provocação, a pesquisa orientou-se para outra unidade de análise: o mercado. Esse levantamento apontou que o mercado de e-commerce cresce vigorosamente, ano após ano (o setor teve expansão de 19% ao ano nos últimos dez anos), e a modalidade de entregas rápidas conquista cada vez mais espaço como resultado do nível de exigência de clientes que buscam crescentemente maior comodidade para atender às suas demandas.

Quais seriam as características de produtos que podem ser ofertados, além do portfólio existente, que se adequam ao modal de transporte do iFood composto de motoentregadores?

A resposta a essa indagação envolve o entendimento de que existem particularidades para essa modalidade de entrega, com destaque para o tamanho da encomenda.

A busca por alternativas adaptadas a esse contexto, que despertariam o interesse do cliente para receber esses produtos em seu domicílio com agilidade, culminou com a formulação de uma hipótese: existe o interesse pela aquisição de produtos de tamanhos pequenos enquadrados na categoria de presentes?

A definição por essa categoria foi determinada por um padrão de consumo que demanda agilidade na entrega, derivado da necessidade de ter o produto em data específica. Não é possível postergar uma data comemorativa.

Tendo em vista essa hipótese, a pesquisa orientou-se ao tamanho do mercado. Estima-se que o volume geral de vendas por meio de e-commerce no Brasil, somado às realizadas em shopping centers, represente cerca de 180 bilhões de reais ao ano (não foram consideradas vendas por lojas de rua por não existirem dados confiáveis disponíveis). O grupo estimou que a modalidade de pequenos presentes represente, conservadoramente, 5% desse universo. Ou seja, um mercado estimado de 9 bilhões de reais ao ano.

Essa informação valida a hipótese do tamanho do mercado. Considerando que a demanda do cliente existe e o entendimento que receber sua encomenda rapidamente gerará um diferencial competitivo importante para o iFood, a análise recai sobre as capacidades organizacionais da empresa que habilitariam sua relevância nesse processo.

Nesse sentido, foram identificadas três capacidades que credenciam a empresa a ingressar nesse negócio em condições favoráveis: sua plataforma digital madura; mais de 40 milhões de clientes ativos que garantem um fluxo alto de consumidores ao projeto; e sua capilaridade logística expressa em todo o Brasil.

A etapa de pesquisa apresentou informações que validaram a hipótese e definiram as características de um Mínimo Produto Viável (MVP), permitindo que a ideia siga para a próxima etapa: a fase de testes.

O iFood definiu esse projeto como iFood Shopping. Na etapa de testes, a empresa construiu um protótipo que evolui em estágios de acordo com a validação das teses estabelecidas em cada etapa.

Na primeira fase, a empresa inseriu um novo ícone em seu aplicativo com o título shopping. Ao acessar esse ícone, o usuário é direcionado a outra interface em que são apresentados os ícones das ofertas existentes nessa categoria como presentes, flores e chocolate, perfumaria, brinquedos, moda, livros e papelaria.

Ao selecionar a opção desejada, o cliente acessava uma tela com a seguinte informação: "Em breve você poderá comprar 'presentes' no iFood. Gostaria de saber quando isso estiver disponível?". Para acessar essa opção, o cliente tinha à disposição um botão para ser avisado quando a categoria fosse disponibilizada.

Esse experimento teve como objetivo entender se haveria clientes interessados, de fato, em realizar essa aquisição. Antes de avançar na construção de uma solução completa, o objetivo era entender sua atratividade. A quantidade de demanda nortearia a continuidade ou não do projeto ou, ainda, as mudanças de suas bases.

O teste foi bem-sucedido, e o protótipo evoluiu para uma segunda fase, que envolveu a disponibilidade de ofertas para a aquisição, fechando o ciclo de compra. Para essa etapa, o iFood realizou outro experimento.

Em vez de realizar uma campanha massiva de cadastramento de lojas, foi selecionado um shopping center, em São Paulo, que tinha fornecedores em quantidade e diversidade nessa categoria. Esses lojistas foram convidados a cadastrar seus produtos no aplicativo sem precisar pagar taxa nenhuma. Mesmo no caso das vendas realizadas, não seria necessária nenhuma remuneração ao iFood. O objetivo, nessa etapa, era de angariar uma diversidade importante de alternativas para entender o comportamento do cliente por meio de uma solução o mais próximo possível da realidade. Além desse entendimento da demanda, o experimento também ofereceria informações sobre o modelo de negócios a ser gerado com os lojistas, já que, como as margens são distintas do negócio de restaurantes, era necessário adaptar o modo de remuneração das partes.

Foi selecionado um grupo de consumidores do iFood, localizados no raio de entrega desse shopping center, que foram abordados virtualmente para aderir à nova funcionalidade. O resultado dos testes foi positivo, o que garantiu a evolução do projeto para a terceira e última etapa do processo, que é a escala.

Com todas as premissas validadas, foram estabelecidas uma equipe e uma liderança dedicadas a tocar o projeto, internalizado como uma das categorias existentes no aplicativo. Em seu lançamento, essa opção já contou com mais de 1.500 vendedores, gerando uma receita inicial que demonstrou seu potencial e possível escalabilidade para todo o Brasil.

O projeto viabiliza a geração de uma nova fonte de receita para o iFood, o incremento da fidelização de um agente fundamental do ecossistema da empresa (os entregadores, que contam com a possibilidade de incremento para geração de renda) e o incentivo à adoção mais frequente do aplicativo pelo cliente final, condição que é base para possibilidades futuras de crescimento de sua abrangência, indo além da alimentação. A iniciativa representa uma inovação presente no H2 da empresa, já que cria as bases para um negócio emergente atuando nas adjacências da organização.

Essa referência é apenas uma de inúmeras iniciativas que acontecem, diariamente, na rotina do iFood, que, por meio desse método, transformou a organização em uma fábrica de inovações.

Algumas iniciativas, como as orientadas ao mercado financeiro que deram origem à Fintech da organização, são Motores 2 distantes do core da organização e outras, como o iFood Shopping, são incorporadas imediatamente ao Motor 1. A governança e o acompanhamento disciplinado do método são essenciais para sua execução, e demonstram todo o potencial de estruturas como essa.

Como principais benefícios da metodologia, destacamos:

- **otimização** das taxas de conversão de ideias que, ao passar por análises criteriosas, aumentam a possibilidade de sucesso em sua implementação;

- **eficiência** do processo de inovação com a diminuição da perda de recursos durante o processo, já que a filtragem, etapa a etapa, garante a evolução das ideias mais promissoras;
- **rapidez** na tomada de decisão, já que o modelo viabiliza movimentos ágeis na evolução do processo, definindo claramente seus parâmetros e oferecendo autonomia de ação aos participantes do projeto;
- **alinhamento** com objetivos estratégicos que acontece, sobretudo, na etapa inicial do processo, garantindo que as inovações desenvolvidas estejam em sintonia com a visão geral do iFood;
- **aprendizado** e **adaptação** na medida em que o desenvolvimento de todo o fluxo do processo permite um aprendizado constante, no qual as lições aprendidas em cada etapa podem ser aplicadas para melhorar as práticas de inovação no futuro;
- **foco** no impacto a longo prazo ao selecionar ideias com potencial de impacto significativo e sustentável no futuro, como demonstra o indicador da participação de 49% na receita atual de projetos implantados nos últimos cinco anos.

A estratégia Jet Ski no iFood é um exemplo emblemático de como a inovação pode ser estruturada e implementada em uma grande empresa para fomentar o crescimento e a adaptação em um mercado em rápida mudança. Ao combinar metodologias de fábrica com uma empresa de capital de risco com forte enfoque em inovação e colaboração, o iFood se posiciona não apenas como um líder de mercado, mas também como uma referência em inovação e estruturação de motores de crescimento.

5.3 Duas estruturas que fazem da Amazon uma máquina de inovação

Ao longo dos últimos anos, temos nos dedicado a estudar em profundidade essa organização. Todas as evidências coletadas corroboram a tese de que um dos principais pilares de sustentação da empresa, que está presente em praticamente todas as fases relevantes de sua evolução, é a inovação.

Na obra *O sistema Amazon*,[44] Ram Charan e Julia Yang apresentam os seis *building blocks* que suportam o sistema de gestão da Amazon. O quarto deles é intitulado "Máquina de inovação".

Já exploramos por aqui as iniciativas inovadoras da empresa na área da saúde, a criação da Amazon Web Services (AWS), entre outros projetos que vão nessa linha e justificam a necessidade de entendermos como uma empresa desse porte, com mais de um milhão de colaboradores, operando em quase todos os países do planeta, consegue viabilizar a inovação de maneira tão presente em seu negócio, estruturando potentes Motores 2 de crescimento com frequência.

A resposta a essa questão é abrangente e, certamente, seria alvo de um livro apenas para explorar esse aspecto. No entanto, é possível trazermos referências importantes que se relacionam com nossa tese para evidenciar dimensões que fundamentam essa estrutura.

O papel de Jeff Bezos nessa construção é fundamental. Em seu papel de fundador e principal líder, sempre enfatizou a relevância estratégica da inovação para o crescimento da companhia.

---

[44] CHARAN, R.; YANG, J. **O sistema Amazon**: descubra o método de gestão que pode trazer resultados extraordinários para você e sua empresa. São Paulo: Planeta Estratégia, 2021.

Uma das suas inúmeras visões que demonstram essa perspectiva é quando comenta que a "Amazon tem um milhão de inventores" (fazendo referência ao total de colaboradores da empresa que assumem esse papel).

Sua visão particular é que a invenção está acima da inovação, pois o foco da companhia deve estar centrado na criação de novos produtos, serviços ou processos antes inexistentes, em vez de apenas melhorar os já existentes. Para ele e para a Amazon, tem menos a ver com fazer algo melhor do que já é feito e mais com fazer algo que nunca foi feito antes. Tendo em mente essa perspectiva, a organização se dedicou a desenvolver estruturas que lhe proporcionem dominar a habilidade e as metodologias para invenção.

A despeito da adoção de uma semântica distinta, a interpretação de Bezos sobre invenção está alinhada com a dimensão que trazemos sobre a inovação de ruptura, muito presente nos H2 e H3 de inovação mais distantes do core business e que geram oportunidades de negócios inéditas.

A partir da convicção do valor desse conceito, a empresa estruturou uma estratégia global para inovação que está fundamentada em pilares muito claros.

- **Obsessão pelo cliente.** A Amazon prioriza as necessidades e desejos dos clientes em suas inovações.

- **Experimentação e aceitação do fracasso.** A empresa encoraja a experimentação e vê o fracasso como uma oportunidade de aprendizado.

- **Uso intensivo de dados.** As decisões são baseadas em análises aprofundadas de grandes volumes de dados.

Esses fundamentos servem como um guia que norteia o comportamento de todos os colaboradores em favor do estímulo à sua participação ativa e ao protagonismo na viabilização da inovação em sua rotina.

O desafio, potencializado pela rápida e pujante expansão da empresa, residiu em como criar mecanismos que fossem capazes de capturar o valor das ideias presentes em um universo de mais de um milhão de pessoas espalhadas geograficamente em diversos locais e com uma atuação rotineira intensa, derivada da natureza e dominância da empresa na economia atualmente (em sua plataforma foram comercializados 4 mil itens por minuto, em 2023).

Para atender a esse objetivo, a empresa viabilizou a potencialização da captura de ideias por meio de uma estrutura formal e escalável, que permite a todos da organização apresentar suas sugestões, facilitando sua análise e deliberações de evolução.

Essa estrutura foi batizada de Ferramenta de Ideias. O objetivo é aproveitar e estimular a criatividade de todo funcionário da Amazon ao permitir que qualquer colaborador da empresa apresente ideias inovadoras, independentemente de sua posição ou departamento.

O projeto está lastreado por dois princípios fundamentais: todo funcionário pode enviar ideias sem passar por filtros gerenciais ou preocupações profundas de sua viabilidade técnica ou financeira; essa abordagem à inovação é democrática e descentralizada, e todos têm voz.

Para que a ferramenta funcione em escala, todos os seus passos estão estruturados de modo claro e bem definido.

1. **Identificação do problema ou oportunidade.** O primeiro passo é identificar claramente um problema ou uma oportunidade de melhoria. Isso pode surgir da experiência pessoal do colaborador, do feedback de clientes ou da análise de tendências de mercado.

2. **Formulação da ideia.** Após identificar o problema ou a oportunidade, o colaborador deve formular uma ideia inovadora que ofereça uma solução. Esta ideia deve ser tangível e ter um impacto potencial significativo.

3. **Documentação detalhada.** Por meio de um documento no formato de *press release*, o colaborador deve registrar a ideia de maneira detalhada em uma página. Isso inclui a descrição do problema ou oportunidade, a explicação da ideia e de como ela pode ser implementada na prática.

4. **Análise de viabilidade.** O material deve conter uma análise preliminar da viabilidade do projeto. Isso envolve considerar aspectos como recursos necessários, tempo de implementação e possíveis desafios.

5. **Submissão por meio da Ferramenta de Ideias.** A Amazon possui uma plataforma específica na qual as ideias são submetidas. Esse sistema garante que todas sejam avaliadas de maneira justa e imparcial.

6. **Avaliação e feedback.** Após a submissão, as ideias são avaliadas por uma equipe ou comitê responsável. O colaborador recebe feedback, que pode incluir sugestões de melhorias, pedidos de informações adicionais ou uma decisão sobre a implementação da ideia.

7. **Implementação.** Se a ideia for aprovada, entrará em fase de planejamento e implementação, sendo inserida no sistema de gestão da organização em conjunto com as demais iniciativas do negócio. O colaborador que propôs a ideia pode ou não ter um papel ativo neste processo, de acordo com a natureza do projeto. Sua condução fica sob a responsabilidade de uma liderança e de uma equipe dedicada.

8. **Acompanhamento e melhorias contínuas.** Como o projeto foi inserido no sistema de gestão da empresa, após a implementação, a ideia é monitorada para avaliar seu impacto e eficácia. Com base nos resultados, são feitas melhorias contínuas com o projeto em funcionamento.

Esse processo evidencia a abordagem sistemática da Amazon para inovação, incentivando a participação ativa de todos os colaboradores para identificar a solução de problemas, alinhada com a filosofia da empresa de colocar o cliente em primeiro lugar. Seu funcionamento é um dos alicerces para a formação de uma cultura de inovação que permeia todo o negócio, permitindo capturar mais valor de todo o ecossistema de colaboradores.

A organização optou por não concentrar todos os seus esforços de inovação em um único instrumento. Existem inúmeras iniciativas orientadas a catalisar boas ideias, que vão além da Ferramenta de Ideias, como projetos de inovação aberta, participação em ecossistemas de inovação, investimentos em startups, aquisições, entre outras. Uma das estruturas essenciais nesse sentido é seu centro de pesquisa e desenvolvimento fundado em 2004, o Lab126.

O nome Lab126 originou-se do codinome que faz referência ao alfabeto, em que 1 representa a letra A e 26 representa a letra Z, simbolizando a ambição da Amazon de abranger tudo, de A a Z. Da mesma maneira que o método do Jet Ski do iFood, esse caso evidencia a relevância do *branding* para promoção da inovação. Ao definir uma marca que identifica seu centro de pesquisa e desenvolvimento, a Amazon consegue construir uma narrativa poderosa, tanto para seu público interno quanto externo, evidenciando o valor da iniciativa para todos esses agentes.

O projeto começou como um pequeno grupo de engenheiros e designers focados no desenvolvimento do Kindle. Desde então, o Lab126 cresceu e expandiu seu escopo para incluir uma ampla gama de produtos de consumo eletrônico, desempenhando um papel crucial na estratégia de inovação de hardware da Amazon.

Da mesma maneira que a Ferramenta de Ideias, a Amazon fundamentou claramente os princípios norteadores do Lab126.

- **Pesquisa e desenvolvimento.** O foco principal do Lab126 é criar dispositivos inovadores que melhorem a vida dos clientes.

- **Design e engenharia.** Uma combinação de design estético e engenharia avançada é crucial para o desenvolvimento de produtos inovadores.

- **Testes rigorosos.** Antes do lançamento, os produtos passam por uma série de testes para garantir sua qualidade e funcionalidade.

- **Produção e lançamento.** O Lab126 não apenas projeta, mas também acompanha a produção e o lançamento dos produtos.

A evolução do projeto Kindle, um dos produtos mais icônicos da Amazon, que deu origem ao laboratório, é muito ilustrativa sobre como essa estrutura tem sido capaz de transformar ideias ousadas em produtos revolucionários.

A ideia do Kindle surgiu, em 2004, da visão de Bezos para aproveitar o potencial da leitura digital. A visão transformadora que desencadeou o projeto foi a ideia de o cliente Amazon carregar sua biblioteca inteira no bolso.

O objetivo era transformar a experiência de leitura, tornando-a mais conveniente e acessível, em um momento em que a leitura digital ainda estava em sua infância.

O primeiro passo para o desenvolvimento do projeto foi a formação de uma equipe dedicada no recém-criado Lab126, que começou a explorar as tecnologias existentes e emergentes para leitura digital.

A partir dessa fase de pesquisa, foram consideradas diversas opções de designs para o equipamento, focando a ergonomia e a facilidade de uso. Vários protótipos foram desenvolvidos, testando diferentes tamanhos, formas e interfaces de usuário.

Em paralelo, foi desenvolvido um sistema operacional customizado para suportar uma experiência de leitura otimizada.

Um ponto fundamental nessa frente de sistemas foi a integração com a loja da Amazon, permitindo ao usuário comprar e baixar livros facilmente.

Os protótipos foram testados para avaliar a experiência do usuário, levando a várias iterações com colaboradores da Amazon, que fizeram o papel do cliente, fornecendo feedbacks valiosos.

Com o modelo validado, a empresa selecionou fabricantes capazes de produzir o dispositivo em larga escala. Foi necessário otimizar toda a cadeia de suprimentos da empresa para atender às demandas de produção do equipamento, já que esse projeto diferia substancialmente do negócio central da empresa, que envolvia nessa época, basicamente, a intermediação e distribuição de produtos de terceiros adquiridos em seu marketplace.

O Kindle foi oficialmente lançado ao mercado em 19 de novembro de 2007 com uma forte campanha de marketing destacando sua conveniência e capacidade de armazenamento. O primeiro lote esgotou rapidamente, indicando uma demanda significativa pelo produto.

Com base no feedback dos clientes, a Amazon continuou a atualizar e melhorar o software do Kindle, lançando novas versões, cada uma com melhorias em design, funcionalidade e variedade de conteúdo disponível. O desenvolvimento do projeto entrou em funcionamento, sendo internalizado no sistema de gestão da empresa.

O Kindle não apenas revolucionou a indústria editorial, mas também estabeleceu a Amazon como líder em inovação tecnológica, já que demonstrou sua capacidade de desenvolver projetos que iam além de seu core business. O projeto representa um autêntico Motor 2 de crescimento, pois representou a entrada da empresa em um novo segmento: o mercado de hardware de consumo, e o início de uma nova era para a leitura digital.

Uma das frases mais emblemáticas e repetidas por Bezos é que "Toda empresa caminha para a mediocridade". Por meio dessa sentença, o empreendedor evidencia a necessidade da inovação constante como modo de gerar novos ciclos de crescimento e expansão da empresa, visando

"TODA EMPRESA CAMINHA PARA A MEDIOCRIDADE."

manter e fortalecer seu protagonismo na economia global atual. A Ferramenta de Ideias e o Lab126 são componentes centrais de uma estrutura maior que se materializa em uma cultura de inovação, traço característico da organização.

Importante enfatizar um valor central nessa cultura, também muito evidenciado por seu fundador e que está presente nos dois projetos, que diz respeito ao entendimento da falha como processo de aprendizado. Bezos diz que a Amazon é o melhor lugar do mundo para fracassar e que fracasso e inovação são gêmeos inseparáveis. Para inventar, é necessário experimentar. Se existe a convicção de que o projeto vai funcionar, não é um experimento.

Como já enfatizamos no passo 8 de nosso roadmap, os testes contribuem para a mitigação dos riscos envolvidos em projetos inovadores. É preciso disposição para experimentar e aceitar que esses experimentos podem falhar. Esses desvios, quando acontecem, são encarados como uma oportunidade de aprendizado.

Greg Zehr, um dos principais líderes e figuras-chave no Amazon Lab126, liderando o projeto desde sua fundação em 2004 até 2022, enfatiza que entender por que algo não funcionou torna possível encontrar uma solução interessante para o problema.

Esse valor, introjetado na cultura da empresa, permite que ela analise as falhas para entender o que deu errado e como isso pode estruturar esforços futuros com maior chance de sucesso.

A estratégia de promover a inovação para o topo de sua agenda de prioridades traz consigo uma clara orientação da organização para a sustentabilidade futura de seu negócio. É um garantidor de que a empresa continuará evoluindo e se expandindo, não caindo no risco de resistência ao novo e de concentração dos esforços na manutenção do *status quo* (fortalecendo, exclusivamente, seu Motor 1 de crescimento).

A Ferramenta de Ideias e o Lab126 demonstram a relevância de estruturar, de maneira sistêmica e disciplinada, o processo de evolução da inovação, pois isso potencializa a contribuição de todo o ecossistema da companhia e é capaz de organizar a evolução das etapas de implementação dos projetos, oferecendo velocidade e cadência ao processo.

5.4 Aquela que não quis ser a maior do mundo

Como enfatizado no caso Amazon, entender o fracasso como elemento central no processo de aprendizado é essencial. O mundo empresarial conta com uma impressionante saga, que reserva muitas lições sobre os desafios de viabilizar a inovação corporativamente em uma jornada que merece uma análise aprofundada.

É inegável a incrível contribuição que essa organização, por meio de sua principal iniciativa de fomento, a inovação, proporcionou ao mundo. Porém, é inquestionável o fato de que a empresa promotora de notáveis invenções, que hoje são parte indissociável de nossa rotina, não foi capaz de capturar o valor gerado por esse movimento para o seu negócio.

Essa jornada tem origem há mais de cem anos quando, em 1906, foi fundada, nos Estados Unidos, como The Haloid Photographic Company, a Xerox. Originalmente, a empresa produzia papel fotográfico.

Em 1938, aconteceu sua grande virada, quando a empresa inventou o processo xerográfico, um método de impressão a seco. O grande marco da ascensão dessa organização ocorreu em 1959, ao desenvolver e comercializar a primeira copiadora automática do mundo, batizada de Xerox 914.

O sucesso da Xerox 914 foi monumental, revolucionando as práticas de escritório e estabelecendo a empresa como líder no novo mercado de fotocópias. Em 1960, a Haloid foi renomeada como Xerox Corporation, refletindo sua nova identidade focada na tecnologia xerográfica.

O DNA em inovação sempre esteve presente na história dessa empresa e se evidenciava por seu protagonismo na revolução do mercado empresarial global com uma técnica e um modelo de negócios originais.

Para estimular e dar vazão a todas as iniciativas inovadoras, a Xerox foi uma das pioneiras a desenvolver, em 1970, um laboratório de inovação que ficou conhecido como Xerox PARC (Palo Alto Research Center), ou simplesmente PARC, localizado na California.

O PARC tinha como missão explorar novas tecnologias que não estavam necessariamente ligadas ao negócio principal de copiadoras da Xerox. O laboratório foi estabelecido para trabalhar em física avançada, ciência dos materiais e aplicações de ciência da computação.

O projeto foi estruturado para permitir pesquisas pioneiras, com a mínima intervenção corporativa. Havia uma ênfase significativa na colaboração interdisciplinar, envolvendo cientistas da computação, engenheiros, antropólogos, sociólogos, psicólogos e outros cientistas sociais. Essa abordagem multidisciplinar permitiu trazer um novo olhar para o desenvolvimento de tecnologias disruptivas a partir de uma perspectiva centrada no ser humano em detrimento da excessiva visão técnica, até então dominante.

Os participantes do projeto tinham alto grau de autonomia em relação à matriz da Xerox. Essa autonomia permitiu que os pesquisadores explorassem ideias inovadoras sem as restrições habituais de objetivos corporativos de curto prazo ou pressões de lucratividade imediata.

A liberdade criativa era um pilar central do PARC, com os pesquisadores encorajados a seguir suas próprias ideias e interesses. Esta abordagem de "laboratório a céu aberto" facilitou um ambiente de pesquisa e desenvolvimento exploratório e experimental.

Em vez de se concentrar em inovações que pudessem ser rapidamente transformadas em produtos rentáveis, o PARC visava desenvolver tecnologias revolucionárias com potencial de longo prazo. Isso significava investir em áreas que poderiam não ter uma aplicação comercial imediata ou óbvia.

Para dar conta dessa missão, a Xerox decidiu reunir os maiores nomes da engenharia e programadores do mundo em um espaço cujo objetivo era inventar o "escritório do futuro", oferecendo as melhores condições para o fomento do pensamento inovador e inventivo.

O PARC foi estratégico na contratação de pesquisadores excepcionais e visionários em seus respectivos campos. Muitos desses indivíduos eram líderes reconhecidos em suas áreas e traziam consigo uma riqueza de conhecimento e uma perspectiva inovadora.

Esse ambiente foi capaz de atrair algumas das mentes mais brilhantes em tecnologia e inovação, como:

- **Robert Metcalfe** – inventor da ethernet;
- **Gary Starkweather** – inventor da impressora a laser;
- **Bill English** – coinventor do mouse;
- **John Warnock** e **Charles Geschke** – fundadores da Adobe;
- **Alvy Smith** – um dos fundadores da Pixar;
- **Eric Schmidt** – CEO do Google de 2001 a 2011;
- **Bruce Horn** – membro da equipe que criou o Mcintosh na Apple;
- **John Seely Brown** – um dos maiores especialistas do mundo nos estudos sobre as implicações organizacionais das atividades apoiadas por computador.

Essas são apenas algumas referências que fizeram do PARC um dos maiores celeiros de talentos já visto na história dos negócios. Não existem registros de um ambiente que reunisse tanto capital intelectual em um único espaço.

Essas condições criaram um ambiente propício à inovação que também se beneficiou de sua localização em Palo Alto, próximo à Universidade de Stanford, no coração do que viria a ser conhecido como Vale do Silício. Esse ambiente fomentou a cultura de inovação e colaboração com outras empresas e instituições acadêmicas na área.

O PARC se dedicava, sobretudo, a criar tecnologias completamente novas e transformadoras, indo além do portfólio existente da Xerox. O resultado dessa iniciativa pode ser evidenciado pelos produtos revolucionários que emergiram desse espaço. A seguir, citamos alguns.

A FERRAMENTA DE IDEIAS E O LAB126 SÃO COMPONENTES CENTRAIS DE UMA ESTRUTURA MAIOR QUE SE MATERIALIZA EM UMA CULTURA DE INOVAÇÃO, TRAÇO CARACTERÍSTICO DA ORGANIZAÇÃO.

@SANDROMAGALDI
@JOSESALIBINETO

- **Interface gráfica.** Desenvolvimento pioneiro da interface gráfica, incluindo conceitos como janelas sobrepostas, ícones e barras de rolagem. Essa tecnologia revolucionou a maneira como as pessoas interagem com os computadores, tornando-os acessíveis a um público mais amplo, não técnico. Influenciou diretamente sistemas operacionais como o Microsoft Windows e o macOS, da Apple.

- **Mouse.** Invenção do primeiro mouse de computador como dispositivo de apontamento, componente que se tornou padrão na interação com os computadores pessoais.

- **Ethernet.** Tecnologia de rede dominante para conectar computadores em redes locais, essencial para o desenvolvimento de redes de escritório e, posteriormente, para a infraestrutura da internet.

- **Computador pessoal.** Criação do Xerox Alto, um dos primeiros computadores pessoais do mundo, que inspirou o desenvolvimento de modelos similares subsequentes e demonstrou a viabilidade de PCs em ambientes de escritório.

- **Impressão a laser.** Inovação que transformou a indústria de impressão, permitindo impressões de alta qualidade e alta velocidade, essenciais em ambientes corporativos.

- **Armazenamento óptico.** Desenvolvimento de tecnologias de armazenamento óptico que impulsionaram o avanço de mídias como CDs e DVDs, fundamentais para o armazenamento e compartilhamento de dados.

- **Linguagens de programação.** Criação da Smalltalk, um dos primeiros ambientes de programação orientada a objetos que influenciou o desenvolvimento de linguagens de programação modernas e promoveu o paradigma de programação orientada a objetos.

- **Fibra óptica.** Avanços na tecnologia de fibra óptica e desenvolvimento de lasers de múltiplos feixes que contribuiu para a evolução das telecomunicações e impressoras de alta velocidade.

Essas são apenas algumas das inovações que saíram do PARC. Existem muitas outras dentro de um universo de soluções que moldaram significativamente o desenvolvimento de tecnologias de computação e comunicação, estabelecendo as bases para muitos aspectos do mundo digital moderno.

O que chama atenção é que embora o PARC tenha sido um celeiro singular de talentos notáveis e uma fonte de inovações que transformaram o mundo, tornando-se onipresentes, atualmente, em escala global, a empresa não conseguiu capturar o valor da imensa maioria desses projetos (de todos os que citamos, o único que se transformou em fonte de receita significativa foi o da impressão a laser, por exemplo).

Mesmo reconhecendo que alguns projetos habilitaram a evolução da empresa em suas operações e para os produtos de seu portfólio (como a fibra ótica), a história testemunhou o surgimento de organizações que se transformaram em protagonistas da nova economia, tendo como fundamento de seus negócios e projetos soluções geradas pela Xerox. Os destaques mais evidentes são as duas maiores empresas do planeta atualmente: Apple e Microsoft. A base de expansão dessas companhias foi baseada em desenvolvimentos que aconteceram no PARC. Inclusive, essa premissa foi assumida publicamente por Steve Jobs em entrevistas.

O insucesso da Xerox em capitalizar as inovações pioneiras geradas no PARC nos traz lições importantes sobre os desafios da viabilização de Motores 2 de crescimento, e podem ser destacadas em algumas frentes. Vejamos.

- **Falta de visão estratégica da Xerox**
  A alta administração da empresa, muitas vezes, não entendeu ou subestimou o potencial das inovações do PARC. Por exemplo, a interface gráfica do usuário e o mouse, apesar de revolucionários, não foram vistos como diretamente relevantes para o negócio principal de copiadoras da Xerox.

- **Divergência cultural e comunicacional**
  Existia uma desconexão significativa entre a cultura do PARC, focada na pesquisa e inovação, e a cultura corporativa da Xerox, mais voltada para produtos e vendas. Essa falta de alinhamento levou a uma comunicação ineficaz e a uma compreensão limitada do potencial das inovações do PARC pela liderança da Xerox. Observe o desafio de as iniciativas de Motores 2 de crescimento ficarem muito distantes do Motor 1 do negócio.

- **Localização geográfica**
 A distância física entre o PARC, em Palo Alto, e a sede da Xerox, em Connecticut, agravou a desconexão cultural, dificultando a comunicação efetiva e a colaboração entre os pesquisadores do PARC e os executivos da Xerox.

- **Foco no curto prazo e falta de integração de produto**
 A Xerox estava focada em resultados de curto prazo e não conseguiu integrar as inovações do PARC em sua estratégia de produto a longo prazo. Isso resultou na perda de oportunidades de transformar as pesquisas em produtos comercialmente viáveis.

- **Incapacidade de prever o futuro do mercado de computadores**
 A Xerox não previu como o mercado de computadores pessoais se desenvolveria e o impacto que teria nas empresas e no cotidiano das pessoas. Por isso, não capitalizou plenamente inovações como a interface gráfica e o mouse, que se tornariam padrões na indústria de computadores. Esse aspecto está intrinsecamente relacionado ao anterior.

- **Falta de investimento adequado na comercialização**
 A Xerox tinha a tecnologia para produzir o computador pessoal, além de ter desenvolvido a interface gráfica e o mouse, mas foi a Apple que soube como comercializá-la a um preço suficientemente acessível para mudar o mundo (o projeto original da Xerox definiu o valor de 16 mil

dólares para a comercialização do primeiro computador pessoal, enquanto a Apple obteve sucesso em levar ao mercado uma versão a 3 mil dólares).

Todos esses fatores combinados podem ser sintetizados em uma premissa fundamental: a Xerox não desenvolveu uma estrutura de governança para inovação. A liberdade excessiva e a falta de conexão com o negócio central geraram uma das maiores miopias da história corporativa.

Uma das evidências dessa perspectiva é que, como padrão, os projetos dificilmente eram concluídos e seu escopo sempre estava aberto, impedindo o processo de viabilização.

Como apontamos no sétimo passo de nosso roadmap, para inovar com sucesso, uma empresa precisa de estruturas, ferramentas e processos que ajudem a transformar invenções em sucesso comercial.

A ausência dessa estrutura resultou em uma imensa oportunidade perdida para a Xerox, que, apesar de ter sido um centro de inovação tecnológica pioneiro, não conseguiu traduzir essa liderança em vantagem competitiva sustentável e lucratividade no mercado de tecnologia. A Xerox poderia ser uma das principais protagonistas da atual economia global se tivesse sido capaz de implementar as inovações geradas em seu laboratório, integradas à sua estratégia corporativa.

O caso do PARC oferece lições valiosas para a missão de viabilizar inovação estruturando Motores 2 de crescimento que resgatam elementos explorados anteriormente em nossa obra.

As iniciativas de inovação devem estar alinhadas com a estratégia e os objetivos gerais da empresa. A Xerox falhou em integrar os projetos do PARC em sua estratégia de negócios principal, perdendo oportunidades de mercado significativas.

O PAPEL DOS LÍDERES É FUNDAMENTAL EM TODO O PROCESSO, POIS SÃO OS PRINCIPAIS PATROCINADORES DA INOVAÇÃO INTERNAMENTE. ESSES LÍDERES DEVEM ENTENDER E VALORIZAR AS INOVAÇÕES GERADAS EM SUAS ESTRUTURAS INTERNAS.

A comunicação ocupa um lugar central nesse processo. Estabelecer um fluxo de comunicação eficaz entre os departamentos de pesquisa e desenvolvimento e o restante da empresa é central. A ausência dessa estratégia fez com que não houvesse a compreensão mútua entre o PARC e a sede da Xerox sobre o valor das inovações, o que resultou na incapacidade de incorporá-las à estratégia central da companhia.

No que se refere ao sistema de gestão e cultura corporativa, é necessário que as empresas estejam preparadas para adaptar suas operações e modelos de negócio com base nas inovações que surgem. A rigidez da Xerox em sua abordagem de mercado limitou sua capacidade de aproveitar as novas tecnologias desenvolvidas.

Uma das consequências dessa inflexibilidade foi a falta de investimento na comercialização dessas inovações. A Xerox teve imensas dificuldades em utilizar toda sua fortaleza comercial, falhando em levar ao mercado de maneira efetiva as tecnologias desenvolvidas no PARC.

Essa dificuldade recebeu forte influência de uma orientação excessivamente centrada na geração de resultados financeiros de curto prazo. Essa visão resultou em uma priorização, quase que exclusiva, dos projetos que tivessem esse horizonte de retorno. Enquanto o PARC estava focado no futuro, a Xerox estava mais preocupada com os lucros e produtos de curto prazo.

Esses aprendizados demonstram um aspecto central em nossa tese: não basta criar novas tecnologias e inovações incríveis provenientes de ideias disruptivas, é necessário desenvolver condições para que todo esse processo evolua positivamente, sendo traduzido em uma execução implacável dos projetos identificados como de alto potencial.

A Xerox teve seu protagonismo reduzido ao longo dos anos, e em 2018 foi adquirida pelo Grupo Fujifilm por 6,1 bilhões de dólares, uma ínfima participação perto de sua representatividade ao longo da história e do valor de suas realizações.

O legado do PARC e suas inovações continuam a influenciar o design e o desenvolvimento de tecnologias modernas, especialmente em computação e interfaces de usuário, porém todo esse valor não foi capturado em sua plenitude por sua promotora.

CONCLUSÃO
AGORA A DECISÃO É SUA

No final da jornada, sugerimos que você faça uma breve reflexão. Dê uma pausa para realizar um exercício simples. Analise sua agenda semanal e responda a duas perguntas básicas:

1. Qual percentual de seu tempo foi destinado a atividades rotineiras de curto prazo relacionadas à operação do seu negócio?

2. Qual percentual de seu tempo foi destinado a atividades estratégicas relacionadas ao futuro de seu negócio?

Faça essa reflexão da maneira mais verdadeira e transparente possível.

Não se surpreenda se identificou que a maior parte de seu tempo e energia estão concentrados em atividades táticas requeridas para fazer seu negócio continuar operando com eficiência.

Esse padrão é, de certa forma, natural, pois as demandas necessárias para uma empresa funcionar com eficiência são diárias e operacionais.

O grande ponto para reflexão, no entanto, é: se não está havendo tempo hábil e de qualidade para construção das bases para o futuro do seu negócio, como emergirão alternativas e possibilidades com esse fim?

Nesse novo mundo, como exploramos durante toda a nossa jornada, é mandatório abrir espaço na sua agenda de modo que existam as condições práticas para o equilíbrio entre presente e futuro.

É preciso ter claro que a orientação à geração de resultados de curto prazo e eficiência operacional são fundamentais para a sustentabilidade de qualquer organização.

É necessário evidenciar que há uma pressão de duas forças que agem de modo concomitante. Uma se refere à performance da companhia, que se traduz na entrega do melhor resultado possível para a operação do negócio; a outra é a adaptação e a transformação do negócio, tão requerida e mandatória nesse mundo novo que enunciamos aqui.

Reimaginar o futuro da organização, criando novos projetos e estruturas que têm como fundamento os novos comportamentos de seus clientes, reinventando sua estratégia e cultura são alguns dos caminhos essenciais para a longevidade de qualquer companhia no longo prazo.

Nosso objetivo, nesta jornada, foi prover todas as condições para que você viabilize essa tarefa na prática. Ao mesmo tempo que mantém o foco no fortalecimento do seu Motor 1 de crescimento, possa criar as bases para a implantação de potentes Motores 2 que pavimentarão o futuro do seu negócio.

Ao longo de toda a obra, foram citadas mais de cinquenta empresas e projetos, exploramos cerca de vinte casos (quatro deles em profundidade), apresentamos um roadmap com oito etapas, mostrando exemplos concretos de sua implantação, e compartilhamos dezessete ferramentas para a execução de todo esse processo em nosso Framework da Execução.

O que mais é necessário para executar seu projeto de Motor 2?

O único ingrediente que falta nesse processo não pode ser oferecido por nós ou por outra pessoa: a sua decisão por fazer a diferença.

ESSE ATRIBUTO É PESSOAL E INTRANSFERÍVEL E, A DESPEITO DA INUNDAÇÃO DE OBRAS DE AUTOAJUDA, AINDA DEPENDE DE UMA ÚNICA PESSOA: VOCÊ.

Nós confiamos plenamente que é possível. Nós acreditamos no potencial ilimitado do ser humano e em sua capacidade de realizações (a propósito, muitas delas evidenciadas ao longo desta obra).

No fim das contas, nós acreditamos em você, e essa crença é o nosso principal combustível.

Pois bem, agora você tem todos os ingredientes e todas as condições necessárias para viabilizar a inovação em seu projeto.

Agora é com você.

Mãos à obra!

FRAMEWORK DA EXECUÇÃO

Um dos nossos principais objetivos ao estruturar esse projeto foi o de trazer uma visão em profundidade sobre como estruturar Motores 2 de crescimento aliados a uma perspectiva prática.

Essa dimensão tanto se traduz nas dezenas de casos apresentados ao longo do livro quanto no compartilhamento de dezessete estruturas que você poderá utilizar para viabilizar cada uma das etapas de nosso roadmap.

Nosso objetivo com a estruturação do Framework da Execução é oferecer condições concretas, de maneira didática e detalhada, para que cada uma das etapas se torne viável de acordo com a prática de cada um.

A despeito da apresentação dos documentos de modo ordenado, você poderá utilizar a estrutura como bem lhe convier. Nossa sugestão é que você desenvolva um plano de execução de maneira estruturada e o implemente com disciplina. Nesta seção você terá à sua disposição ferramentas que auxiliarão nesse processo de acordo com suas necessidades específicas.

Mais relevante do que essas estruturas é o seu compromisso em implementar o projeto inovador em sua organização. Agora você tem acesso aos conceitos para ampliar seu repertório, uma visão prática para entender a execução desses conceitos em casos reais e um conjunto de ferramentas que lhe permite pôr a mão na massa.

Faça bom proveito de todo esse material!

ÍNDICE DO FRAMEWORK DA EXECUÇÃO

270   **1. Mapeamento das capacidades**
- Mapeamento das capacidades
- Mapeamento das limitações
- Exemplo – Netflix

2. Mapeamento da jornada do cliente   **272**
- Mapeamento da jornada de compra
- Mapeamento da experiência de uso
- Como elaborar um storyboard da experiência do cliente

276   **3. Geração de ideias**
- Brainstorming
- Matriz SWOT
- Identificação de projetos inovadores

284 4. **Mapeamento de potencial de mercado**
- Checklist de mapeamento de potencial de mercado

286 5. **Priorizar ideias**
- Organização das informações e priorização de projeto
- Matriz de Priorização
- Ranking de Priorização

290 6. **Estruturar governança**
- Como desenvolver OKRs
- OKRs e governança
- Organização do projeto em etapas
- Modelo de governança

296 7. **Testes e experimentos**
- Como implantar estratégias de testes e experimentos

298 8. **Leituras sugeridas – métodos ágeis**

1. MAPEAMENTO DE CAPACIDADES

Mapeamento das capacidades

CAPACIDADES DA EMPRESA	As capacidades de uma organização podem ser definidas como o conjunto de competências, processos, tecnologias, conhecimentos e ativos que ela possui e que lhe permitem entregar valor para seus clientes e se diferenciar dos concorrentes. Essas capacidades são fundamentais para que a organização alcance seus objetivos estratégicos e obtenha vantagem competitiva no mercado.
EVIDÊNCIAS	Evidências concretas que comprovem a existência desses elementos na organização. A coleta e análise das evidências ajudarão a identificar e demonstrar as capacidades da organização, possibilitando uma melhor compreensão de como esses elementos contribuem para a diferenciação e vantagem competitiva da empresa no mercado.
VALOR CENTRAL	O valor gerado como resultado direto das capacidades da organização, incluindo suas competências essenciais, seus ativos, processos, propriedades e tecnologia, e representa a contribuição única que ela traz para o mercado e para a comunidade em que está inserida.

EXEMPLO - NETFLIX		
CAPACIDADE	**EVIDÊNCIA**	**VALOR CENTRAL**
Compreensão do cliente e análise de dados	A empresa foi uma das pioneiras ao desenvolver um sofisticado sistema de recomendações aos assinantes de DVDs.	Entendimento científico das demandas do cliente.
Logística e distribuição	Complexa operação logística para o envio de DVDs, utilizando tecnologia para gerenciar eficientemente o inventário e garantir entregas rápidas.	Habilidade em implementar soluções tecnológicas avançadas em operações complexas.
Gestão tecnológica	A empresa operava, no negócio tradicional de assinatura de DVDs, um site de e-commerce eficiente e amigável para os clientes muito antes de muitas outras empresas.	Competência e conhecimento para implementar tecnologias avançadas em prol de seu negócio.

Mapeamento das limitações

LIMITAÇÕES	Limitações organizacionais são os fatores internos ou externos que impedem ou dificultam a empresa de atingir seus objetivos estratégicos e operacionais. Essas limitações podem estar relacionadas a diversos aspectos da organização, como Recursos, Processos, Cultura organizacional, Estrutura organizacional e Ambiente externo.
EVIDÊNCIAS	Evidências concretas que comprovem a existência desses elementos na organização. A coleta e análise dessas evidências ajudarão a identificar e demonstrar as capacidades da organização, possibilitando uma melhor compreensão de como esses elementos contribuem para a diferenciação e vantagem competitiva da empresa no mercado.
IMPACTO	Análise de como a limitação impacta o desempenho e sucesso da empresa.

EXEMPLO - NETFLIX		
LIMITAÇÕES	**EVIDÊNCIA**	**IMPACTO**
Recursos	A estrutura do novo negócio demandava um perfil distinto de investimentos em tecnologia, direitos autorais e mudança no modelo de negócios (relação assinatura × despesas).	Alto, pois impacta na evolução do projeto.
Processos	A transição do modelo de negócios de aluguel de DVDs para streaming demandou uma redefinição significativa de processos operacionais e de atendimento ao cliente. O negócio de entregas via postal é significativamente diferente do modelo virtual.	Alto, pois impacta na experiência do cliente.
Conhecimento comercial	Experiência e estratégia comercial desenvolvida para a venda de produtos off-line com diferenças estruturais para o novo modelo digital.	Alto, pois impacta na capacidade de captação de clientes.

Framework da Execução

2. MAPEAMENTO DA JORNADA DO CLIENTE

Mapeamento da jornada de compra

1. PREPARAÇÃO
Reúna uma equipe multidisciplinar, incluindo todos os colaboradores que têm conhecimento e experiência da jornada do cliente e suas interações, como membros das áreas de marketing, vendas, atendimento ao cliente e produto. É importante definir claramente o objetivo da dinâmica: compreender profundamente cada etapa da jornada de compra do cliente.

2. IDENTIFICAÇÃO DA NECESSIDADE
Discuta como o cliente percebe essas necessidades e o que desencadeia a busca por uma solução. Use notas adesivas para anotar diferentes necessidades ou problemas que os clientes possam ter.

3. PESQUISA DE INFORMAÇÕES
Explore as fontes de informação usadas pelos clientes (internet, redes sociais, recomendações). Represente visualmente os caminhos de pesquisa e as influências nessa etapa.

4. AVALIAÇÃO DE ALTERNATIVAS
Simule a comparação entre diferentes produtos/serviços. Identifique critérios de avaliação comuns e pontos de dúvida ou confusão.

5. DECISÃO DE COMPRA
Mapeie os fatores que influenciam a decisão final (preço, qualidade, marca, atendimento).

6. COMPRA
Represente o processo de compra (on-line, loja física). Identifique e discuta pontos de atrito e satisfação durante a compra.

Observações gerais
- Faça um resumo das descobertas e insights de cada etapa.
- Elabore um documento ou material com todos os elementos da jornada, de modo que seja possível um entendimento claro dos componentes de todas as etapas do processo.

7. PÓS-COMPRA
Colete opiniões sobre a experiência pós-compra. Discuta a importância do suporte ao cliente, qualidade do produto/serviço e política de retorno.

Mapeamento da experiência de uso

1. PREPARAÇÃO
Reúna uma equipe multidisciplinar, incluindo todos os colaboradores que têm conhecimento e experiência da jornada do cliente e suas interações, como membros das áreas de marketing, vendas, atendimento ao cliente e produto. É importante definir claramente os objetivos da dinâmica: entender a jornada do cliente, identificar pontos críticos e descobrir oportunidades.

2. MAPEAMENTO DA JORNADA DO CLIENTE
Realize sessões de brainstorming para listar todas as etapas pelas quais um cliente passa, desde o reconhecimento da necessidade até o pós-venda. Detalhe cada uma dessas etapas em notas adesivas ou outro recurso que permita uma visão clara de toda a jornada.

3. IDENTIFICAÇÃO DOS MOMENTOS DE VERDADE
Identifique os "momentos de verdade": pontos críticos em que a experiência do cliente pode ser significativamente positiva ou negativa.
Inclua nessa análise todas as etapas mapeadas anteriormente, sem exceção, como primeiro contato, processo de compra, entrega, uso do produto/serviço e suporte pós-venda.

4. COLETA DE DADOS E FEEDBACKS
Utilize pesquisas, entrevistas e análises de dados para coletar informações sobre a experiência do cliente em cada etapa. Analise as avaliações e comentários dos clientes para identificar tendências e padrões.

5. ANÁLISE E IDENTIFICAÇÃO DE PONTOS DE OPORTUNIDADE
Analise os dados coletados para identificar as etapas que mais impactam a satisfação do cliente e que representam oportunidades relevantes para incrementar a experiência dele.
Um formato que pode ser utilizado é iniciar a reflexão sempre com a pergunta "E se...". Por exemplo, "e se fosse possível reduzir pela metade o atendimento ao cliente? Qual seria o impacto dessa mudança em seu nível de satisfação?", ou "e se os clientes não tivessem de pagar multa por entregar o produto alugado com atraso?" (pergunta que inspirou a fundação da Netflix).

6. REGISTRO DAS INFORMAÇÕES
Organização das informações, registrando as evidências e análises de cada perspectiva estudada.

Framework da Execução

Como elaborar um storyboard da experiência do cliente

1 **DEFINIR OS OBJETIVOS DO STORYBOARD**
Antes de começar, explique o que você deseja alcançar com o storyboard. No caso citado do Airbnb, o objetivo foi o de entender e melhorar a experiência do hóspede e do anfitrião.

2 **PESQUISAR E COLETAR DADOS**
Colete informações sobre os clientes e suas experiências. Isso pode incluir entrevistas, pesquisas, análises de dados de usuários, feedback de avaliações etc.

3 **IDENTIFICAR PERSONAS DE CLIENTES**
Crie personas representativas dos seus clientes típicos. Isso ajudará a personalizar o storyboard e torná-lo mais relevante.

4 **MAPEAR A JORNADA DO CLIENTE**
Utilize a estrutura do Mapeamento da experiência de uso do cliente apresentada no nosso Framework da Execução para cumprir esta etapa.

5 **ESBOÇAR AS PRINCIPAIS CENAS**
Para cada etapa da jornada, esboce cenas que representem as interações do cliente com o seu serviço. Inclua elementos visuais, como ambientes, personagens (clientes e funcionários) e ações importantes.

6 **ADICIONAR DETALHES E DIÁLOGOS**
Em cada cena, inclua detalhes, como expressões faciais, linguagem corporal e elementos ambientais para dar contexto. Adicione balões de diálogo ou anotações para capturar conversas ou pensamentos do cliente.

7 **INCLUIR PONTOS DE CONTATO E EMOÇÕES**
Identifique os pontos de contato (interações diretas com o serviço) e anote as emoções ou reações do cliente em cada etapa.

8 **REVISAR E AJUSTAR**
Analise o storyboard para garantir que ele capture com precisão a jornada do cliente e ofereça insights sobre suas experiências. Compartilhe com outros stakeholders o material para coletar o feedback sobre sua efetividade. Faça ajustes conforme necessário.

3. GERAÇÃO DE IDEIAS

Brainstorming

O brainstorming é uma técnica de geração de ideias utilizada para estimular o pensamento criativo e resolver problemas. Sua essência é criar um ambiente livre de críticas, em que os participantes são encorajados a expressar ideias, não importa quão incomuns ou criativas elas sejam.

OS PRINCÍPIOS PARA UMA BOA SESSÃO DE BRAINSTORMING SÃO:

ENCORAJAMENTO DA CRIATIVIDADE:
Encoraja-se os participantes a serem criativos, até mesmo sugerindo ideias que pareçam absurdas ou impraticáveis. Isso pode levar a soluções inovadoras.

REGISTRO DE IDEIAS:
Todas as ideias apresentadas durante a sessão de brainstorming são registradas para avaliação e análise posterior.

FOCO NA QUANTIDADE:
Durante a sessão de brainstorming, o objetivo é gerar o maior número possível de ideias. Acredita-se que a quantidade leva à qualidade, com ideias mais inovadoras surgindo de uma longa lista de possibilidades.

BRAINSTORMING

AMBIENTE NÃO CRÍTICO: Um elemento-chave do brainstorming é criar um ambiente em que não há julgamento ou crítica imediata às ideias propostas, incentivando a livre expressão.

GERAÇÃO DE IDEIAS EM GRUPO: O brainstorming geralmente é realizado em grupo, promovendo a colaboração e o compartilhamento de diferentes perspectivas.

CONSTRUÇÃO DE IDEIAS: As ideias dos participantes podem ser construídas umas sobre as outras, levando a soluções mais refinadas e criativas.

ANÁLISE E REFINAMENTO: Após a sessão, as ideias são revisadas, discutidas e avaliadas para determinar sua viabilidade ou potencial de desenvolvimento.

Observações gerais
O brainstorming pode ser adaptado e modificado para se adequar a diferentes situações e necessidades, tornando-se uma ferramenta flexível para a solução criativa de problemas e a geração de ideias inovadoras.

ETAPAS PARA ORGANIZAR UMA SESSÃO DE BRAINSTORMING

Organizar uma sessão de brainstorming eficaz envolve uma série de passos para garantir que a sessão seja produtiva e gere ideias criativas. Aqui está um passo a passo para organizá-la:

1

DEFINIR O OBJETIVO
Determine qual é o problema específico ou o tema da sessão de brainstorming. Ter um foco claro ajudará os participantes a gerar ideias mais direcionadas.

2

SELECIONAR OS PARTICIPANTES
Convide um grupo diversificado de pessoas. Uma variedade de perspectivas e experiências pode enriquecer a sessão. O ideal é ter de 5 a 10 participantes.

3

ESCOLHER UM FACILITADOR
Nomeie um facilitador para conduzir a sessão. O facilitador deve ser alguém que possa incentivar a participação, manter a discussão focada e garantir que o ambiente seja livre de julgamentos.

4

PREPARAR O ESPAÇO
Escolha um local confortável e livre de distrações. Prepare o espaço com materiais como quadro-branco, marcadores, notas adesivas e flipcharts.

5

ESTABELECER AS REGRAS BÁSICAS
No início da sessão, estabeleça regras básicas, como evitar críticas ou julgamentos, incentivar a livre expressão de ideias e respeitar a vez de cada um falar.

6

AQUECIMENTO
Comece com um exercício rápido de aquecimento para os participantes relaxarem e para estimular o pensamento criativo.

7

**APRESENTAR
O PROBLEMA OU TEMA**
Explique claramente o problema ou tema da sessão e todo contexto relevante.

8

GERAÇÃO DE IDEIAS
Inicie a geração de ideias. Encoraje todos a contribuir e lembre-os de que não há ideias "ruins". Capture todas as ideias no quadro-branco ou em notas adesivas.

9

CONSTRUIR SOBRE AS IDEIAS
Incentive os participantes a construírem ou expandirem as ideias dos outros. Isso pode levar a soluções mais inovadoras.

10

ENCERRAR A SESSÃO DE IDEAÇÃO
Determine um tempo-limite para a sessão de ideação. Uma vez alcançado, conclua a fase de geração de ideias.

11

AGRUPAR E PRIORIZAR IDEIAS
Organize as ideias em categorias e discuta-as. Priorize as ideias com base em critérios como viabilidade, impacto e alinhamento com os objetivos.

12

FEEDBACK E AVALIAÇÃO
Ao final da sessão, solicite feedback dos participantes sobre o processo e discuta maneiras de melhorar sessões futuras de brainstorming.

Matriz SWOT

Desenvolver uma Matriz SWOT (*strengths*, *weaknesses*, *opportunities*, *threats* – forças, fraquezas, oportunidades, ameaças) é um processo estruturado que ajuda a avaliar a posição estratégica de uma empresa, um projeto ou uma iniciativa.

AQUI ESTÁ UM PASSO A PASSO PARA DESENVOLVER UMA MATRIZ SWOT:

1 PREPARAÇÃO
Reúna uma equipe diversificada de participantes que tenham conhecimento relevante sobre a empresa, projeto ou contexto específico. Prepare um espaço para a sessão de brainstorming, seja física (com quadros e notas adesivas) ou digitalmente (com ferramentas de colaboração on-line).

2 DEFINIÇÃO DO OBJETO DE ANÁLISE
Explique o que será analisado pela Matriz SWOT (pode ser a empresa como um todo, um produto, serviço ou um projeto).

3 IDENTIFICAÇÃO DE FORÇAS (*STRENGTHS*)
Liste os pontos fortes internos da organização, tendo como base o mapeamento das capacidades organizacionais realizado nas etapas anteriores do projeto.

4 IDENTIFICAÇÃO DE FRAQUEZAS (*WEAKNESSES*)
Identifique os pontos fracos internos, tendo como base o mapeamento das limitações realizado nas etapas anteriores do projeto.

5 **IDENTIFICAÇÃO DE OPORTUNIDADES (*OPPORTUNITIES*)**
Utilizando o mapeamento da jornada do cliente, identifique as oportunidades que a organização pode explorar.

6 **IDENTIFICAÇÃO DE AMEAÇAS (*THREATS*)**
Avalie os fatores externos que podem representar desafios ou riscos. Estes podem ser elementos que ameaçam a posição da organização no mercado ou a viabilidade do projeto.

7 **ANÁLISE E DISCUSSÃO**
Discuta cada item listado, avaliando sua relevância e seu impacto. Encoraje a participação de todos os membros da equipe para obter diferentes perspectivas.

REFERÊNCIA VISUAL DE UMA MATRIZ SWOT

	Fatores positivos	Fatores negativos
Fatores internos	**S** *Strengths* / Forças	**W** *Weaknesses* / Fraquezas
Fatores externos	**O** *Opportunities* / Oportunidades	**T** *Threats* / Ameaças

Identificação de projetos inovadores

ATIVIDADE 1

Capacidades e limitações × oportunidades de mercado
Relacione as capacidades e limitações com as demandas de mercado. Como auxílio, você pode utilizar qualquer recurso como Matriz SWOT.

ATIVIDADE 2

Identificação das frentes estratégicas

1. Identifique até três territórios que representem as melhores decisões estratégicas de acordo com sua visão de conexão entre CAPACIDADES e OPORTUNIDADES DE MERCADOS.

2. Identifique como as capacidades organizacionais representam uma vantagem competitiva nesses territórios.

CAPACIDADE ORGANIZACIONAL	VANTAGEM COMPETITIVA

3. Identifique o que é necessário aprimorar nas limitações identificadas para não impedir o avanço dessa estratégia.

LIMITAÇÃO	AÇÃO CORRETIVA

ATIVIDADE 3

Potenciais projetos
Em posse de todas essas informações, desenvolva três potenciais projetos para se tornarem motores de crescimento nos territórios mapeados.

POTENCIAIS PROJETOS
1.
2.
3.

4. MAPEAMENTO DE POTENCIAL DE MERCADO

Checklist de mapeamento de potencial de mercado

Existem diversas informações que podem ser mapeadas para análise de potencial de mercado. A intensidade e o tipo de informações a serem investigadas vai variar de acordo com o projeto, sendo que as principais são:

1. ANÁLISE DE MERCADO

- [ ] Tamanho do mercado
  ESTIMAR O TAMANHO ATUAL E O POTENCIAL DO MERCADO.
- [ ] Segmentação de mercado
  IDENTIFICAR E DESCREVER OS SEGMENTOS DE MERCADO RELEVANTES.
- [ ] Crescimento do mercado
  AVALIAR AS TENDÊNCIAS DE CRESCIMENTO HISTÓRICO E PROJETADO.
- [ ] Demanda do consumidor
  INVESTIGAR INFORMAÇÕES SOBRE A DEMANDA DOS CLIENTES.
- [ ] Barreiras de entrada e saída
  ANALISAR AS BARREIRAS PARA NOVOS ENTRANTES E AS DIFICULDADES PARA OS EXISTENTES SAÍREM.
- [ ] Fatores econômicos e regulatórios
  AVALIAR O IMPACTO DE FATORES ECONÔMICOS E REGULAMENTAÇÕES NO MERCADO.

2. PESQUISA COMPETITIVA

- [ ] Identificação de concorrentes
  LISTAR OS PRINCIPAIS CONCORRENTES NO MERCADO.
- [ ] Análise SWOT dos concorrentes
  REALIZAR ANÁLISE SWOT (FORÇAS, FRAQUEZAS, OPORTUNIDADES, AMEAÇAS) PARA CADA CONCORRENTE.
- [ ] Estratégias dos concorrentes
  ESTUDAR AS ESTRATÉGIAS DE MERCADO E POSICIONAMENTO DOS CONCORRENTES.
- [ ] Produtos/serviços dos concorrentes
  ANALISAR OS PRODUTOS OU SERVIÇOS OFERECIDOS PELOS CONCORRENTES.
- [ ] Participação de mercado
  ENTENDER A PARTICIPAÇÃO DE MERCADO DOS CONCORRENTES.

3. FEEDBACK DO CLIENTE E PESQUISA DE MERCADO

- [ ] **Métodos de pesquisa**
  DEFINIR MÉTODOS PARA COLETA DE FEEDBACK. EX.: PESQUISAS, ENTREVISTAS, GRUPOS FOCAIS.
- [ ] **Feedback dos clientes**
  COLETAR E ANALISAR FEEDBACK DIRETO DOS CLIENTES.
- [ ] **Validação de premissas**
  TESTAR E VALIDAR PREMISSAS DO PROJETO COM BASE NO FEEDBACK.
- [ ] **Preferências e comportamento do consumidor**
  COMPREENDER AS PREFERÊNCIAS E OS COMPORTAMENTOS DOS CONSUMIDORES.

4. TENDÊNCIAS E PREVISÕES

- [ ] **Tendências atuais**
  IDENTIFICAR AS TENDÊNCIAS ATUAIS QUE AFETAM O MERCADO.
- [ ] **Previsões futuras**
  ANALISAR PREVISÕES E RELATÓRIOS SOBRE O FUTURO DO MERCADO.
- [ ] **Tecnologias emergentes**
  EXPLORAR O IMPACTO DE NOVAS TECNOLOGIAS NO MERCADO.
- [ ] **Mudanças socioeconômicas e culturais**
  CONSIDERAR MUDANÇAS SOCIAIS, ECONÔMICAS E CULTURAIS QUE POSSAM INFLUENCIAR O MERCADO.

5. COLABORAÇÃO COM ESPECIALISTAS DO SETOR

- [ ] **Identificação de especialistas**
  LISTAR ESPECIALISTAS RELEVANTES NO SETOR.
- [ ] **Consultas e entrevistas**
  REALIZAR CONSULTAS E ENTREVISTAS COM ESSES ESPECIALISTAS.
- [ ] **Análise de insights de especialistas**
  INTEGRAR INSIGHTS E CONSELHOS OBTIDOS NA ANÁLISE DE MERCADO.
- [ ] **Validação de tendências e previsões**
  USAR A EXPERIÊNCIA DE ESPECIALISTAS PARA VALIDAR TENDÊNCIAS E PREVISÕES.

CONSIDERAÇÕES GERAIS

- [ ] **Documentação e registro**
  MANTER UMA DOCUMENTAÇÃO DETALHADA DE TODAS AS ANÁLISES E DESCOBERTAS.
- [ ] **Revisão e atualização**
  REVISAR PERIODICAMENTE O CHECKLIST E OS DADOS COLETADOS PARA ASSEGURAR RELEVÂNCIA E PRECISÃO.

Observações gerais
Este checklist deve ser adaptado e expandido com base nas especificidades do projeto e do mercado-alvo. Uma avaliação completa e detalhada será fundamental para o sucesso do lançamento de projetos inovadores.

5. PRIORIZAR IDEIAS

Organização das informações e priorização de projeto

ATIVIDADE 1

Traduzindo projetos em ações

A partir dos projetos levantados, precisamos entender dois pontos principais: (1) quais iniciativas relacionadas ao projeto já estão em execução na organização; (2) quais novas iniciativas precisamos desenvolver.

PROJETO	Já existem iniciativas relacionadas ao projeto em andamento?	Quais novas iniciativas deverão ser desenvolvidas?

ATIVIDADE 2

Priorizando os planos e o direcionamento

Uma vez que o time levantou planos e projetos, é o momento de priorizar. Existem inúmeros modelos de priorização. Nossa sugestão aqui é utilizar a matriz Impacto × Complexidade ou o Ranking de Priorização. Para facilitar, sugerimos a escala variando de 1 a 3, sendo:

- Para impacto: 1 - BAIXO; 2 - MÉDIO; 3 - ALTO
- Para complexidade: 1 - ALTO; 2 - MÉDIO; 3 - BAIXO

Projeto ou ação	Impacto	Complexidade

A partir da construção da matriz anterior, nós priorizamos os projetos que precisamos fazer agora, depois e no longo prazo. Além disso, já são relacionados os projetos a serem descartados.

Agora	
Depois	
Longo prazo	
Descartados	

Framework da Execução **287**

Matriz de Priorização

Criar uma Matriz de Priorização é um processo estratégico que ajuda a avaliar e priorizar as oportunidades potenciais para uma organização. As etapas para desenvolver uma Matriz de Priorização são as seguintes:

1. PREPARAÇÃO E COLETA DE DADOS
Reúna informações relevantes sobre o ambiente interno e externo da organização. Isso vai incluir todas as análises realizadas na etapa anterior do processo como Matriz SWOT, o mapeamento do potencial de mercado e a análise de capacidades e oportunidades, além de materiais complementares.

2. IDENTIFICAR CAPACIDADES E RECURSOS INTERNOS
Liste as principais informações identificadas no Mapeamento das Capacidades e Limitações.

3. ANALISAR O AMBIENTE EXTERNO
Liste os fatores externos identificados no Mapeamento da Jornada do Cliente e na Matriz SWOT.

4. LISTAR OPORTUNIDADES POTENCIAIS
Com base nessas análises, liste todas as oportunidades potenciais mapeadas como projetos para Motores 2 de crescimento no documento de Identificação de Projetos Inovadores.

5. CRIAR A MATRIZ
Desenhe uma matriz com duas dimensões: uma representando o potencial impacto do projeto (eixo vertical) e outra representando a complexidade de sua implementação (eixo horizontal).
Divida cada eixo em alto e baixo, criando quatro quadrantes, conforme representado no desenho abaixo:

6. DEFINIR OS PARÂMETROS
Defina claramente os parâmetros que serão utilizados na análise para cada variável.
A variável "esforço" pode considerar:
- disponibilidade de pessoas;
- capital financeiro;
- complexidade da solução em relação ao conhecimento atual da companhia;
- tempo para implementação;
- impacto na operação atual;
- riscos associados ao novo projeto;
- necessidade de treinamento e capacitação;
- apoio de stakeholders (acionistas, conselheiros, colaboradores, agentes externos etc.);
- compatibilidade com a estratégia da empresa etc.

A variável "impacto" pode considerar:
- impacto financeiro;
- benefícios ao cliente;
- contribuição para implementação de cultura de inovação;
- influência no mercado e na concorrência;
- relação com o cumprimento dos objetivos estratégicos da empresa;
- impacto na reputação e marca da organização;
- capacidade de atrair ou reter talentos para o negócio etc.

As definições para esses dois parâmetros não são predeterminadas. Você vai defini-las de acordo com o contexto e momento de seu negócio.

7. IDENTIFIQUE AS OPORTUNIDADES

Avalie cada oportunidade na matriz em termos da análise de esforço × impacto. Priorize as oportunidades com base na avaliação, dando preferência aos projetos de maior impacto e menor esforço.
Dê atenção especial aos projetos de menor impacto e menor esforço, pois podem representar oportunidades de acelerar o processo de execução da inovação com menor complexidade, o que pode conferir agilidade na implantação dessas iniciativas.

Ranking de Priorização

CAPACIDADES	OPORTUNIDADES
1.	1.
2.	2.
3.	3.
4.	4.
5.	5.

NOME DO PROJETO	CAPACIDADES					OPORTUNIDADES					TOTAL
	1	2	3	4	5	1	2	3	4	5	

Framework da Execução

6. ESTRUTURAR GOVERNANÇA

Como desenvolver OKRs

Desenvolver Objetivos e Resultados-Chave (OKRs) para o acompanhamento de um projeto é uma estratégia eficaz para garantir que as metas sejam claras, mensuráveis e alinhadas com a visão geral da organização. Aqui está um passo a passo para desenvolver OKRs.

1. ENTENDER OS OKRS
Importante que todos compreendam o conceito do método de OKRs, que combina objetivos (o que se deseja alcançar) com resultados-chave (como medir o progresso e sucesso).

2. DEFINIR OBJETIVOS
- Clareza e simplicidade: estabeleça objetivos claros, simples e concisos.
- Alinhamento: alinhe os objetivos com a missão e visão do projeto e com a estratégia corporativa.
- Inspiradores: os objetivos devem ser ambiciosos e motivadores.

3. IDENTIFICAR RESULTADOS-CHAVE
- Mensuráveis e temporais: certifique-se de que os resultados-chave são quantificáveis e têm prazos definidos.
- Realistas, mas desafiadores: devem ser difíceis, mas alcançáveis.
- Diretamente relacionados aos objetivos: cada resultado-chave deve demonstrar como o objetivo será alcançado.

4. ENVOLVER A EQUIPE
- Participação na criação: envolva a equipe na definição dos OKRs para garantir o comprometimento e a compreensão.
- Feedback e ajustes: permita feedback e faça ajustes conforme necessário.

5. DOCUMENTAR E COMUNICAR
- Documentação clara: registre os OKRs de maneira clara e acessível.
- Comunicação efetiva: comunique os OKRs a todos os membros relevantes da equipe ou organização.

6. MONITORAR E AVALIAR
- Revisões regulares: realize reuniões periódicas para revisar o progresso dos OKRs (integração com rituais).
- Flexibilidade para ajustes: esteja preparado para fazer ajustes nos OKRs se as circunstâncias mudarem.

7. APRENDIZADO E MELHORIA CONTÍNUA
- Análise do desempenho: no final de cada ciclo de OKRs, analise o desempenho.
- Lições aprendidas: identifique o que funcionou bem e o que pode ser melhorado.
- Iteração: use as lições aprendidas para informar a próxima fase de planejamento de OKRs.

SUGESTÕES ADICIONAIS
- Foco: evite ter muitos OKRs ao mesmo tempo para não dispersar o foco.
- Integração com planos existentes: garanta que os OKRs estejam integrados com outros planos e estratégias do projeto.
- Transparência: mantenha os OKRs visíveis para todos os envolvidos.

Observações gerais
Desenvolver OKRs é um processo iterativo e colaborativo. Deve-se estar aberto a ajustes e mudanças, garantindo que os OKRs permaneçam relevantes e alinhados com os objetivos gerais do projeto e da organização.

OKRs e governança

ATIVIDADE 1

Traduzindo a prioridade em OKR para o projeto

Nesse momento, é crucial a tradução da priorização anterior em um conjunto de objetivos e indicadores-chave que vão concretizar o direcionamento da organização e a execução do projeto. Aqui, definimos de 3 a 5 objetivos que vão guiar a organização. E para cada objetivo, no máximo 5 indicadores.

Objetivo X	KR 01:
	KR 02:
	KR 03:
	KR 04:
	KR 05:

ATIVIDADE 2

Alinhando papéis e responsabilidades

Uma vez consolidados os OKRs e os principais projetos a serem executados, nós precisamos definir o papel de cada área da empresa na execução e atingimento dos resultados. Para isso, descreva as áreas abaixo e responda às seguintes perguntas.

Área	Qual é o papel dessa área na estratégia de execução do projeto? Qual a sua missão?	Quais indicadores e iniciativas essa área tem como responsabilidade para a execução do projeto?

ATIVIDADE 3

Rituais de acompanhamento

Com a concepção do projeto formatada, é necessário definir quais rituais de acompanhamento serão executados visando garantir a execução do plano.

Ritual X:	
Tema:	
Objetivo:	
Participantes:	
Periodicidade:	
Agenda da reunião:	
O que deve ser apresentado (e como):	

Organização do projeto em etapas

1. DEFINIÇÃO CLARA DE OBJETIVOS PARA CADA ETAPA
- Objetivos específicos: cada etapa deve ter objetivos específicos alinhados com os OKRs gerais do projeto.
- Resultados tangíveis: estabeleça metas tangíveis para cada etapa, permitindo uma avaliação clara do progresso.

2. VIABILIDADE E PRATICIDADE
- Recursos necessários: assegure-se de que os recursos necessários (humanos, financeiros, tecnológicos) estejam disponíveis para cada etapa.
- Tempo de execução: estime um prazo realista para a conclusão de cada etapa, considerando interdependências.

3. INTERDEPENDÊNCIAS ENTRE ETAPAS
- Sequência lógica: organize as etapas em uma sequência lógica, em que cada uma depende do sucesso da anterior.
- Flexibilidade para ajustes: permita flexibilidade para revisar etapas com base no progresso e feedback.

4. *MILESTONES* E INDICADORES DE SUCESSO
- *Milestones* claros: defina *milestones* claros dentro de cada etapa para monitorar o progresso.
- Indicadores de desempenho: estabeleça indicadores específicos para avaliar o sucesso em cada etapa.

5. AVALIAÇÃO DE RISCOS E PLANOS DE CONTINGÊNCIA
- Análise de riscos: realize uma análise de riscos para cada etapa.
- Planos de contingência: desenvolva planos de contingência para lidar com potenciais desafios ou obstáculos.

6. FEEDBACK E ITERAÇÃO
- Coleta de feedback: estabeleça mecanismos para coletar feedback ao final de cada etapa.
- Iteração baseada em feedback: use o feedback para fazer ajustes e melhorias nas etapas subsequentes.

7. DOCUMENTAÇÃO E COMUNICAÇÃO
- Documentação detalhada: mantenha uma documentação detalhada do progresso, decisões e mudanças em cada etapa.
- Comunicação clara: garanta uma comunicação efetiva com todas as partes interessadas sobre o progresso e as mudanças em cada etapa.

Modelo de governança

Para desenvolver um framework de governança, é importante estruturar as etapas de maneira clara e detalhada.
Existem diversas estruturas possíveis de serem desenvolvidas. Aqui você terá um modelo em três níveis essenciais para gestão de projetos inovadores (esse é o foco dessa estrutura): Decisão, Articulação e Operação.

1. NÍVEL DA DECISÃO

ETAPA 1: DEFINIÇÃO DA ESTRATÉGIA
- Identificar objetivos de longo prazo.
- Estabelecer missão e visão do projeto.
- Realizar análise SWOT (forças, fraquezas, oportunidades, ameaças).

ETAPA 2: ESTABELECIMENTO DE PRIORIDADES
- Determinar claramente a relação do projeto com a estratégia corporativa.
- Utilizar ranking ou matriz de prioridades para demonstrar os motivos de sua priorização em relação à visão estratégica da empresa.

ETAPA 3: GESTÃO DE ORÇAMENTO
- Alocar recursos financeiros de acordo com o planejamento inicial.
- Monitorar e ajustar o orçamento conforme necessário (relação com as etapas de desenvolvimento do projeto que serão identificadas em seu desenvolvimento).

ETAPA 4: DEFINIÇÃO DO PROCESSO DECISÓRIO
- Estabelecer critérios para aprovação das decisões relacionadas ao projeto.
- Definir quem são os tomadores de decisão.
- Criar um fluxo claro para submissão e avaliação do processo decisório.

ETAPA 5: GESTÃO DE RISCOS
- Identificar potenciais riscos nos projetos e na estratégia.
- Desenvolver planos de mitigação.

2. NÍVEL DA ARTICULAÇÃO

ETAPA 6: ALINHAMENTO DE OBJETIVOS E ATIVIDADES
- Garantir que os objetivos dos projetos estejam alinhados com a estratégia.
- Definir KPIs (indicadores-chave de desempenho) relevantes.

ETAPA 7: EXECUÇÃO E GESTÃO DE RECURSOS
- Coordenar a execução das atividades.
- Assegurar a disponibilidade de recursos (humanos, materiais, financeiros).

ETAPA 8: COMUNICAÇÃO E GERENCIAMENTO DE RISCOS
- Facilitar a comunicação entre as equipes.
- Monitorar e gerenciar riscos operacionais.

3. NÍVEL DA OPERAÇÃO

ETAPA 9: EXECUÇÃO CONFORME O PLANO
- Implementar atividades conforme planejado.
- Adaptar-se a mudanças e desafios operacionais.

ETAPA 10: MONITORAMENTO E AVALIAÇÃO
- Monitorar o progresso dos projetos.
- Coletar e analisar indicadores e resultados.

ETAPA 11: CONSOLIDAÇÃO DE INDICADORES
- Agregar dados de desempenho.
- Preparar relatórios para revisão e ajustes estratégicos.

ETAPAS TRANSVERSAIS

ETAPA 12: DEFINIÇÃO DE RESPONSABILIDADES
- Atribuir claramente papéis e responsabilidades em cada nível.

ETAPA 13: ESTABELECIMENTO DE RITUAIS DE ACOMPANHAMENTO
- Definir reuniões periódicas de status, revisões de projetos e auditorias.

ETAPA 14: DESENVOLVIMENTO DE PROCESSOS ESTRUTURADOS
- Criar procedimentos padronizados para execução e monitoramento.

ETAPA 15: AVALIAÇÃO E MELHORIA CONTÍNUA
- Implementar feedback para constante aprimoramento do sistema.

> **Observações gerais**
> Este framework deve ser adaptado às necessidades específicas da sua organização, mantendo a flexibilidade para ajustes conforme as circunstâncias mudem. A comunicação clara e efetiva entre todos os níveis é crucial para o sucesso do sistema de governança.

7. TESTES E EXPERIMENTOS

Como implantar estratégias de testes e experimentos

Desenvolver um modelo de acompanhamento de testes e experimentos integrado à execução do projeto em etapas é crucial para validar hipóteses, refinar estratégias e garantir a eficácia do novo modelo de negócios B2C. Cada etapa do processo deve contar com a execução de testes de acordo com critérios que garantam sua efetividade.

1. ALINHAMENTO COM OBJETIVOS DO PROJETO
- Objetivos dos testes: garantir que cada teste ou experimento esteja alinhado com os objetivos gerais do projeto e das etapas específicas.
- Relevância: certificar-se de que os testes são relevantes para as questões ou hipóteses críticas do projeto.

2. PLANEJAMENTO DETALHADO DOS TESTES
- Escopo dos testes: definir claramente o que será testado, incluindo variáveis, grupos de controle e grupos experimentais.
- Cronograma: estabelecer um cronograma para cada teste, incluindo preparação, execução e análise.

3. DEFINIÇÃO DE MÉTRICAS E KPIS
- Métricas específicas: identificar métricas específicas para avaliar o sucesso dos testes.
- KPIs: estabelecer Key Performance Indicators (KPIs) ou indicadores de performance que correspondam aos resultados esperados dos testes.

4. PROTOCOLOS DE COLETA DE DADOS
- Coleta de dados: definir métodos claros e consistentes para a coleta de dados durante os testes.
- Integridade dos dados: assegurar a precisão e confiabilidade dos dados coletados.

5. ANÁLISE E INTERPRETAÇÃO DOS RESULTADOS
- Análise de dados: utilizar métodos estatísticos apropriados para analisar os resultados dos testes.
- Interpretação dos resultados: compreender o que os resultados indicam em relação às hipóteses ou objetivos do teste.

6. ITERAÇÃO E AJUSTES
- Feedback e ajustes: utilizar os resultados dos testes para fazer ajustes nas estratégias ou nas próximas etapas do projeto.
- Iteração contínua: estar preparado para iterar e repetir testes conforme necessário.

7. DOCUMENTAÇÃO E COMPARTILHAMENTO DE APRENDIZADOS
- Registro de testes: manter uma documentação detalhada de cada teste, incluindo procedimentos, resultados e análises.
- Compartilhamento de insights: compartilhar aprendizados com a equipe do projeto e outras partes interessadas.

8. COMUNICAÇÃO E COLABORAÇÃO
- Comunicação eficaz: manter uma comunicação clara sobre os progressos, resultados e mudanças resultantes dos testes.
- Colaboração transversal: colaborar com diferentes departamentos e especialistas para obter uma visão abrangente.

9. AVALIAÇÃO DE IMPACTO E RISCOS
- Impacto dos testes: avaliar como os testes impactam o projeto como um todo.
- Gestão de riscos: identificar e gerenciar riscos associados aos testes e experimentos.

10. FLEXIBILIDADE E ADAPTAÇÃO
- Adaptação a mudanças: ser flexível para adaptar os testes com base em novas informações ou mudanças no ambiente de negócios.

Observações gerais
Aplicando esses critérios, você pode desenvolver um modelo robusto de acompanhamento de testes e experimentos que contribua significativamente para o sucesso do projeto. Este modelo permitirá validar suposições, refinar estratégias e garantir que as decisões sejam baseadas em dados confiáveis.

8. LEITURAS SUGERIDAS – MÉTODOS ÁGEIS

Aqui estão algumas recomendações de livros publicados em português que o ajudarão a entender a metodologia ágil em detalhes.

Eles oferecem uma visão ampla e aprofundada sobre a metodologia ágil, cobrindo desde os princípios básicos até estratégias mais avançadas e casos práticos. Estes livros são recursos valiosos tanto para iniciantes quanto para profissionais experientes na área de gestão ágil.

Scrum: a arte de fazer o dobro do trabalho na metade do tempo, por Jeff Sutherland[1]
Leitura essencial para entender os princípios e práticas do Scrum, escrita por um de seus criadores. Sutherland compartilha suas experiências e fornece dicas valiosas para implementar o Scrum com sucesso.

Kanban: mudança evolucionária de sucesso para seu negócio de tecnologia, por David J. Anderson[2]
A obra explora os fundamentos do Kanban e oferece orientações práticas para sua aplicação em equipes de desenvolvimento de software e outras áreas de negócios.

Lean Inception: como alinhar pessoas e construir o produto certo, por Paulo Caroli[3]
Combina elementos do Lean Startup e da metodologia ágil para definir o escopo do projeto de maneira colaborativa.

Agile: desenvolvimento de software com entrega rápida e baixo custo, por André Faria Gomes[4]
Uma introdução clara e abrangente aos princípios e práticas ágeis, explorando diferentes metodologias, como Scrum e XP.

---

1 SUTHERLAND, J.; SUTHERLAND, J. J. **Scrum**: a arte de fazer o dobro do trabalho na metade do tempo. Rio de Janeiro: Sextante, 2019.
2 ANDERSON, D. J. **Kanban**: mudança evolucionária de sucesso para seu negócio de tecnologia. [s. l.]: Blue Hole Press, 2011.
3 CAROLI, P. **Como alinhar pessoas e construir o produto certo**. Petrópolis: Caroli, 2018.
4 GOMES, A. **Agile**: desenvolvimento de software com entrega rápida e baixo custo. São Paulo: Casa do Código, 2014.

***Sprint: como resolver problemas e testar novas ideias em apenas cinco dias**, por Jake Knapp, John Zeratsky e Braden Kowitz*[5]
Este livro apresenta uma abordagem para testar e implementar ideias rapidamente.

***A startup enxuta: como empreendedores visionários criam produtos e inovam continuamente**, por Eric Ries*[6]
Embora focado em *startups*, este livro introduz conceitos relevantes para a metodologia ágil, como o desenvolvimento iterativo e a aprendizagem contínua.

***Ágil do jeito certo: transformação sem caos**, por Darrell Rigby, Sarah Elk e Steve Berez*[7]
Este livro aborda como os métodos ágeis podem transformar o modo de trabalho, trazendo inovação e avanços de maneira mais rápida e com menor custo.

---

[5] KNAPP, J.; ZERATSKY, J.; SPRINT, B. K. **Sprint**: como resolver problemas e testar novas ideias em apenas cinco dias. Rio de Janeiro: Intrínseca, 2017.
[6] RIES, E. **A startup enxuta**: como empreendedores visionários criam produtos e inovam continuamente. Rio de Janeiro: Sextante, 2019.
[7] RIGBY, D.; ELK, S.; BEREZ, S. **Ágil do jeito certo**: transformação sem caos. São Paulo: Benvirá, 2020.

EMPRESAS E PROJETOS CITADOS NA OBRA

99
ACE Cortex
Airbnb
Alibaba Group
Alibaba Pictures Group
AliHealth
Amazon
Amazon Clinic
Amazon Pharmacy
Ambev
Ant Group
Antelliq Corporation
Apple
Auren Energia
AutoNavi
AWS – Amazon Web Services
Banco BV
Banco Inter
BEES
BEES Bank
Blockbuster
Boring Company
BR Distribuidora
BR Foods
ByteDance
C6 Bank
Cainiao
Capital One
Cerent Corporation
Cisco
Coca-Cola
Copersucar
CPP Investments
Credit Suisse
Crescendo Communications
CVS
Danone
DiDi Chuxing
Disk Cook
Embraer
Eve Urban Air Mobility Solutions
Evolua
GM
Gmail
Google
Grupo DASA
Grupo Fujifilm
Grupo Votorantim
iFood
ING Direct USA
ING Group
Intel
IronPort
McKinsey
Meraki
Mercado Livre
Meta
Mondeléz
Movile
MSD
MSD Saúde Animal
Napster
Netflix
Neuralink
Nike
Nubank
PagSeguro
Pão de Açúcar
Pernod Ricard
Piracanjuba
Procter & Gamble
Rappi
Roxio
Scientific Atlanta
Seara
Solar City
SpaceX
Spotify
Starlink
Stone
StrataCom
Tesla
Uber
Venture Frogs
Vibra Energia
Votorantim Energia
Walgreens
Warehouse
WebEx
Xerox Corporation
Xerox PARC (Palo Alto Research Center)
Youku
Zappos
Zé Delivery
ZX Ventures

REFERÊNCIAS

ALLEN, J. The Twin Engines of All Great Companies. **Harvard Business Review**, 2012. Disponível em: https://hbr.org/2012/02/the-twin-engines-of-all-great. Acesso em: 10 jan. 2024.

BAGHAI, M.; COLEY, S.; WHITE, D. **A alquimia do crescimento**. São Paulo: Record, 1999.

BIRKINSHAW, J; GIBSON, C. Building Ambidexterity Into an Organization. **MIT Sloan Management Review**, 2004. Disponível em: https://sloanreview.mit.edu/article/building-ambidexterity-into-an-organization/. Acesso em: 10 jan. 2024.

BLANK, S. McKinsey's Three Horizons Model Defined Innovation for Years. Here's Why It No Longer Applies. **HBR**, 2019. Disponível em: https://hbr.org/2019/02/mckinseys-three-horizons-model-defined-innovation-for-years-heres-why-it-no-longer-applies. Acesso em: 12 jan. 2024.

CHARAN, R. **Repensando a vantagem competitiva**: novas regras para a era digital. Rio de Janeiro: Alta Books, 2022.

CHARAN, R.; YANG, J. **O sistema Amazon**. São Paulo: Planeta Estratégia, 2021.

CHRISTENSEN, C. M. **O dilema da inovação**: quando as novas tecnologias levam empresas ao fracasso. São Paulo: M.Books, 2011.

CHRISTENSEN, C.; RAYNOR, M. E. **O crescimento pela inovação**. São Paulo: Elsevier, 2003.

CHRISTENSEN, C.; HALL, T.; DILLON, K.; DINCAN, D. S. **Muito além da sorte**: processos inovadores para entender o que os clientes querem. Porto Alegre: Bookman, 2017.

CUCUZZA, J. The Pace of Innovation: 1800-2020. **LinkedIn**, 2020. Disponível em: https://www.linkedin.com/pulse/pace-innovation-1800-2020-joe-cucuzza-gaicd-fausimm-/. Acesso em: 11 jan. 2024.

DRUCKER, P. F. **Managing for results**. London: Routledge, 2015.

DRUCKER, P. F. **Inovação e espírito empreendedor**. Boston: Cengage Learning, 2016.

DRUCKER, P. **A prática da administração de empresas**. São Paulo: Cengage, 2003.

DUNCAN, R. B. The Ambidextrous Organization: Designing Dual Structures for Innovation. **Strategies and Implementation**, New York, v. 1, p. 167-188, 1976.

GROVE, A. **Gestão de alta performance**. São Paulo: Benvirá, 2020.

LEVITT, T. **The Marketing Imagination**. New York: Free Press, 1986.

LEVITT, T. Marketing Myopia, 1960. **HBR**. Disponível em: https://faculty.ksu.edu.sa/sites/default/files/levitt_marketingmyopia1.pdf. Acesso em: 13 jan. 2024.

MOORE, G. **Atravessando o abismo**: marketing e venda de produtos disruptivos para clientes tradicionais. Rio de Janeiro: Alta Books, 2021.

MAGALDI, S.; SALIBI NETO, J. **Gestão do amanhã**: tudo o que você precisa saber sobre gestão, inovação e liderança para vencer na 4ª Revolução Industrial. São Paulo: Editora Gente, 2018.

MAGALDI, S.; SALIBI NETO, J. **O novo código da cultura**: vida ou morte na era exponencial. São Paulo: Editora Gente, 2019.

MAGALDI, S.; SALIBI NETO, J. **Estratégia adaptativa**: o novo tratado do pensamento estratégico. São Paulo: Editora Gente, 2020.

MAGALDI, S.; SALIBI NETO, J. **Liderança disruptiva**: habilidades e competências transformadoras para liderar na gestão do amanhã. São Paulo: Editora Gente, 2022.

McKENNA, R. **Competindo em tempo real**: estratégias vencedoras para a era do cliente nunca satisfeito. São Paulo: Editora Campus, 1998.

O'REILLY III, C.; TUSHMAN, M. L. The ambidextrous organization. **Harvard Business Review**, 2004. Disponível em: http://www.iot.ntnu.no/innovation/norsi-pims-courses/tushman/OÆReilly%20&%20Tushman%20(2004).pdf. Acesso em: 10 jan. 2024.

PETERS, T. J.; WATERMAN JR, R. H. **In Search of Excellence**: Lessons from America's Best-Run Companies. New York: Harper Collins, 2006.

ANCINE. Panorama do mercado de vídeo por demanda no Brasil, 2022. Disponível em: https://www.gov.br/ancine/pt-br/oca/publicacoes/arquivos.pdf/informe-vod-pos--revisao-28-fev-2023.pdf. Acesso em: 15 jan. 2024.

SCHUMPETER, J. **Capitalismo, socialismo e democracia**. São Paulo: Editora Unesp, 2017.

URBAN Air Mobility Market, by Component Type (Hardware, Software, and Services), by Operation Type (Piloted and Autonomous), by Range (Inter-City and Intra-City), and by Region Forecast to 2032. **Reports and Data**, 2023. Disponível em: https://www.reportsanddata.com/report-detail/urban-air-mobility-market. Acesso em: 17 jan. 2024.

ZOOK, C.; ALLEN, J.; O'KEEFFE, D. The Engine 2 Imperative: New Business Innovation and Profitable Growth Under Turbulence. **Bain & Company**, 2020. Disponível em: https://www.bain.com/insights/engine-2-imperative-new-business-innovation--and-profitable-growth-under-turbulence/. Acesso em 16 jan. 2024.

ZOOK, C. **Imparável**. Coimbra: Actual, 2009.

ZOOK, C.; ALLEN, J. **Lucro a partir do *core business***. Rio de Janeiro: Campus-Elsevier, 2010.

Este livro foi impresso pela gráfica Bartira em
papel pólen bold 70 g/m² em junho de 2024.